deutsch üben – Taschentrainer

Christian Stang

Zeichensetzung

Hueber Verlag

deutsch üben – Taschentrainer

ist eine Reihe von Übungsbüchern im kleinen Format für schnelles und bequemes Üben für zu Hause und unterwegs. Mit den Taschentrainern werden Grammatik und Wortschatz in authentischen Situationen wiederholt, gefestigt und vertieft. Die Reihe ist optimal für das Selbststudium geeignet.

Der Autor dankt Herrn Manfred Krecker (†), Regensburg, für die freundlichen Hinweise zur ersten Auflage dieses Taschenbuchs.

3. 2. 1. | Die letzten Ziffern
2012 11 10 09 08 | bezeichnen Zahl und Jahr des Druckes.
Alle Drucke dieser Auflage können, da unverändert, nebeneinander benutzt werden.
1. Auflage

Redaktion: Hans Hillreiner, Hueber Verlag, Ismaning
Umschlaggestaltung: Parzhuber und Partner, München
Zeichnungen: Astrid Holzamer, Berlin
Layout und Satz: Birgit Winter, München
Druck und Bindung: Ludwig Auer GmbH, Donauwörth
Printed in Germany
ISBN 978-3-19-107493-7

Inhalt

Vorwort

Die Zeichensetzung ist für viele ein schwieriges Kapitel innerhalb der deutschen Rechtschreibung. In der Schule und im Beruf setzt man die Kenntnis der Regeln zwar voraus, dennoch werden sie oft als Nebensächlichkeit betrachtet. Die meisten Menschen haben keine rechte Lust, sich intensiv mit der Zeichensetzung auseinanderzusetzen.
Die Folgen sind absehbar: Nur wenige fühlen sich in der Setzung von Satzzeichen sicher, die große Mehrheit tappt weitgehend im Dunkeln. Das Ganze erinnert an ein Roulettespiel, bei dem der Zufall entscheidet.
Es gibt heute etwa 200 Zeichensetzungsregeln, die alle aus dem Effeff zu beherrschen fast unmöglich ist. Dennoch ist es nicht schwer, sich mithilfe einiger Übungen und »Eselsbrücken« die wichtigsten einzuprägen und sie sinngemäß anzuwenden. Dieser Ratgeber will Ihnen dabei behilflich sein.

Viel Spaß und guten Erfolg bei der Arbeit!

Autor und Verlag

Sinn und Aufgaben der Satzzeichen

Satzzeichen gliedern den Text, machen ihn übersichtlich und geben Pausen für das Lesen an. Sie deuten Tonstärke und Tonfall an und helfen uns, Missverständnisse zu vermeiden.
Betrachten Sie die Zeichensetzung nie von vornherein als Schikane, sondern immer als Hilfsmittel für den Leser und als Ausdrucksmittel für den Schreiber! Eine willkürliche Setzung der Satzzeichen würde uns Probleme bereiten und die Lesegeschwindigkeit deutlich herabsetzen.

Kleine Geschichte der Satzzeichen

Die ersten Satzzeichen stammen aus der Antike. Den Punkt kannten bereits die Griechen. Die Römer nutzten ihn, um das Satzende auf ihren Wachstafeln zu kennzeichnen.
Sie kannten auch Komma und Doppelpunkt.

Im Mittelalter achtete man nur wenig auf die Interpunktion (lat. *interpunctio* »Trennung [der Wörter] durch Punkte«). Unser Fragezeichen stammt wahrscheinlich aus der Gregorianik. Das Ausrufezeichen taucht erstmals im 16. Jahrhundert auf.
Erst seit der zweiten Hälfte des 17. Jahrhunderts gibt es den Gedankenstrich – im Gegensatz zu den Klammern, die schon seit dem 15. Jahrhundert bekannt sind.

Die Anführungszeichen für die direkte (wörtliche) Rede gibt es seit dem 18. Jahrhundert. Die umgangssprachliche Bezeichnung »Gänsefüßchen« kommt aus der Druckersprache. Man nannte sie auch »Gänseaugen« und »Hasenöhrchen«.
Erste Regelungsversuche beginnen im 15. Jahrhundert. An diesen nimmt vor allem GEORG SCHOTTEL teil, der im 17. Jahrhundert erstmals eine zusammenfassende Darstellung der Anwendung von Satzzeichen zu Papier bringt. Aber erst die Zeichensetzung in der zweiten Hälfte des 18. Jahrhunderts gleicht unserer heutigen weitgehend.
KONRAD DUDEN behandelt 1903 im sogenannten »Buchdruckerduden« erstmals die Zeichensetzung. Diese Darstellung wurde 1915 in den »Rechtschreibduden« übernommen und bis zur Einführung der neuen Rechtschreibung in den Folgeauflagen des »Dudens« verfeinert.

Dieses Buch berücksichtigt den aktuellen Stand der für die Schulen seit dem 1. August 2006 verbindlichen neuen Zeichensetzung. Diese Richtlinien haben heutzutage den gleichen Verbindlichkeitsgrad wie amtliche Festlegungen oder die Kommunikationsregeln im Schiffs- und Luftverkehr. Dennoch muss vor einem allzu starren Verständnis und Gebrauch der Zeichensetzung gewarnt werden. Sicher, Sie sollten Ihren einmal

entwickelten Stil beibehalten und konsequent durchführen – doch die stilistische Freiheit der anderen dürfen Sie nicht missachten. Denn es gibt einige Zweifelsfälle, die mehrere Möglichkeiten zulassen, und einige subjektive Notwendigkeiten (z. B. Pausen, Hervorhebungen und Nuancierungen, vor allem in der schöngeistigen Literatur), deren Gültigkeit sich über den Schreibenden vermittelt.
In diesem Sinn hat die Zeichensetzung zwar verbindliche Regeln, sie ist jedoch auch ein Mittel der stilistischen Gestaltung.

Der Punkt – ein überflüssiges Satzzeichen?

Wann brauchen wir einen Punkt?

> *Ich saß mit meiner Mama und meiner Großmutter unter einem Olivenbaum und aß mein Bruder Unwetter hatte keinen Hunger er hatte sich ausgezogen und war in ein Wasserbecken gesprungen er schwamm ganz allein genüsslich darin herum ich durfte nicht schwimmen, für mich war es zu tief nach dem Essen legten wir uns in den Schatten eines alten Olivenbaumes und schliefen ein bisschen ich schlief ganz eng an meine Mama gekuschelt ...*
>
> *Theodor Kallifatidis*[1]

Dieser Textausschnitt ist normales und einfaches Deutsch und dennoch nur sehr mühsam lesbar. Warum? Sie wissen längst, dass die Punkte fehlen. Die Sätze sind ohne Unterbrechung aneinandergereiht. Man erkennt weder Anfang noch Ende.

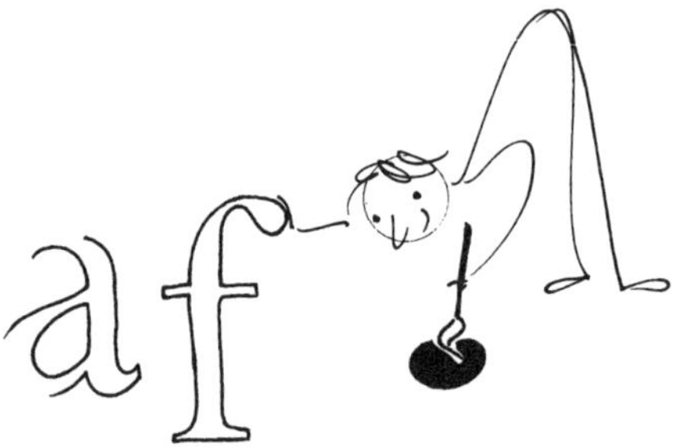

Eigentlich haben wir damit unsere Ausgangsfrage bereits beantwortet: Wir brauchen den Punkt, um das Ende eines Satzes zu kennzeichnen.

Aber wir haben ihm im Laufe der Zeit noch andere Aufgaben übertragen: Er kennzeichnet Abkürzungen und steht nach Ordnungszahlen (Ordinalzahlen). Ab und zu taucht er sogar in dreifacher Ausfertigung auf.
Na, sind Sie neugierig geworden? Dann lassen Sie uns diese anderen Aufgaben im Einzelnen ansehen.

Der Punkt als Schlusszeichen

Der Punkt nach Aussagesätzen

Wie war das gerade eben? Genau! Ein Punkt steht, um das Ende eines Satzes zu kennzeichnen. Aber Sätze gibt es ja verschiedene: lange und komplizierte, kurze und einfache. Das spielt alles keine Rolle, am Ende einer jeden Aussage steht ein Punkt.

Ein Beispiel:

> Vielleicht konnten Sie heute nicht in die Schule oder zur Arbeit gehen, weil Sie furchtbares Bauchweh haben. Sie entschuldigen sich im Sekretariat oder beim Arbeitgeber, indem Sie eine Aussage machen: *Ich habe furchtbares Bauchweh*. Dies soll Ihnen jetzt nicht zum Verhängnis werden. Es geht nur darum, dass man solche Sätze Aussage- oder schlicht Erzählsätze nennt.

Weitere Beispiele:

Ich habe Ihren Brief aufmerksam gelesen.
Am Anfang schuf Gott Himmel und Erde.
Der Punkt wird nach einem Aussagesatz gesetzt.

Haben Sie es bemerkt? Der letzte Satz hat unsere Aussage auf den Punkt gebracht. Damit haben wir unsere erste Zeichensetzungsregel:

R1 Der **Punkt** wird nach einem **Aussagesatz** gesetzt.

Und damit Sie auch richtig bei unserem Training mitmachen können, folgt die Trimm-dich-Runde:

TRIMM-DICH-RUNDE 1 **(Lösungen siehe Seite 105)**

Setzen Sie in den Textausschnitt von Theodor Kallifatidis die fehlenden Punkte ein. Achten Sie auf die Großschreibung nach dem Punkt.

Der Punkt nach Satzstücken

Aber nicht nur nach vollständigen Sätzen steht ein Punkt. Auch nach sogenannten Satzstücken müssen wir ein Satzschlusszeichen setzen. Es handelt sich hierbei um Teile von Sätzen, die nur im Zusammenhang einen Sinn ergeben.

Beispiele:

Kennst du ihn? ***Ja.***
Wie war's in der Schule? ***Na ja.***
Kennst du die Regeln der Zeichensetzung? ***Ungefähr.***
Englisch: ***gut.***
Deutsch: ***mangelhaft.***

R2 Der **Punkt** wird nach einem **Satzstück** gesetzt.

Der Punkt nach frei stehenden Zeilen

Es gibt ganz bestimmte Fälle, in denen der Punkt nicht gesetzt wird. Bereits in der Überschrift ist eine Regel verwirklicht, die Sie für die nachfolgenden Seiten gut verwenden können:

R3 Der **Punkt** wird **nicht** nach **frei stehenden Zeilen** gesetzt. Ausnahme: Abkürzungen mit einem Punkt stehen am Zeilenende.

Diese »frei stehenden Zeilen« wollen wir nun etwas näher betrachten.

Die Briefgestaltung

Sehen wir uns doch einmal den folgenden Brief an:

Tortenheberfabrik	*Wiesbaden, 1. April 2008*
Flink & Co.	(1)
Im Wiesengrund 9 a	
65199 Wiesbaden	(2)
Firma	
Schnell & Langsam	
Herrn Schnell	(2)
Vor dem Wald 7	
68309 Mannheim	
Unsere Rechnung Nummer 431	(3)

Sehr geehrter Herr Schnell,

leider sind Sie bis heute unserer Zahlungsaufforderung in Höhe von 249,99 EUR nicht nachgekommen.

Wir bitten Sie daher, den Betrag bis zum 15. April d. J. auf unser Konto zu überweisen.

Mit freundlichen Grüßen	(4)
Tortenheberfabrik	
Flink & Co.	
Hugo Flink	(5)

Dieser Brief ist ordnungsgemäß geschrieben. Wir können aus ihm folgende fünf Regeln ableiten:

R4 Nach der **Datumsangabe** wird **kein Punkt** gesetzt.

Beispiele (vgl. 1):

Regensburg, 21. 10. 2007
Regensburg, 21. 10. 07
Regensburg, 21. Oktober 2007
2007-10-21

R5 Nach der **Anschrift** wird **kein Punkt** gesetzt.

Beispiele (vgl. 2):

Absender:

Hans Müller
Alte Burg 8
80805 München

Angelika Meyer
Turmallee 7
93055 Regensburg

Adressat:

Frau
Dr. Sabine Bauer
Postfach 11 41
93152 Etterzhausen

Herrn
Michael Schön
Auf der Wiese 7 b
70186 Stuttgart

R6 Nach der **Betreffzeile** wird **kein Punkt** gesetzt.

Beispiele (vgl. 3):

Ihr Schreiben vom 1. Februar 2008
Unser letztes Telefongespräch
Ihr Angebot vom 19. Juli 2007
Zahlungsverzögerung

Hinweis: Das Wort *Betreff* gilt als veraltet und wird heute nicht mehr verwendet.

R7 Nach der **Grußformel** wird **kein Punkt** gesetzt.

Beispiele (vgl. 4):

Mit freundlichem Gruß
Herzliche Grüße
Beste Grüße

R8 Nach der **Unterschrift** wird **kein Punkt** gesetzt.

Beispiele (vgl. 5):

Hans Meier
ppa. Müller
i. A. Bauer
i. V. Sommer

Gehen wir auf Nummer sicher:

TRIMM-DICH-RUNDE 2 (Lösungen siehe Seite 106)

An welchen Stellen haben die Punkte nichts verloren?

Firma
Schnell & Langsam
Vor dem Wald 7
68309 Mannheim

Mannheim, 17. April 2008.

Tortenheberfabrik
Flink & Co.
Herrn Flink
Im Wiesengrund 9 a
65199 Wiesbaden.

Ihre Zahlungserinnerung vom 1. April 2008.

Sehr geehrter Herr Flink,

ich habe nicht gedacht, dass ich noch einmal auf einen Aprilscherz hereinfallen würde.

Stellen Sie sich vor: Ich habe den Betrag tatsächlich überwiesen. Ich bitte Sie höflich um Rücküberweisung auf das bekannte Konto.

Mit freundlichem Gruß.

Firma
Schnell & Langsam

Egon Schnell.

Überschriften, Zeitungs- und Buchtitel

Viele gedruckte Texte haben eine Überschrift oder einen Titel, die hervorgehoben und frei stehend über dem Text platziert sind. Das Stichwort »frei stehend« sagt uns bereits:

> **R9** Nach **Überschriften, Zeitungs- und Buchtiteln** wird **kein Punkt** gesetzt.

Früher war es üblich, nach dem Buchtitel einen Punkt zu setzen. Das Satzzeichen ist aber überflüssig, da die Wörter und Sätze sowieso durch ihre Stellung deutlich vom Übrigen abgesetzt sind.

Beispiele:

Vorteile und Gefahren der Werbung für Wirtschaft und Verbraucher
(Thema einer Abschlussprüfung an Realschulen)
Brand durch Unachtsamkeit
(Überschrift)
El Hakim
(Buchtitel)
Frankfurter Allgemeine Zeitung
(Zeitungstitel)

> **TRIMM-DICH-RUNDE 3 (Lösungen siehe Seite 107)**
>
> Schreiben Sie alle bisher aufgetretenen Kapitelüberschriften dieses Ratgebers auf ein Blatt Papier.

Inhaltsverzeichnisse, Tabellen und Aufzählungen

Wissen Sie genau, wo Punkte in Inhaltsverzeichnissen richtig stehen? Grundsätzlich gilt:

R10 Nach **Inhaltsverzeichnissen** wird **kein Punkt** gesetzt.

Ein Inhaltsverzeichnis kann unterschiedlich aufgebaut sein:

Das numerische Inhaltsverzeichnis

1 Einführung
2 Das Wort
2.1 Der Laut
2.1.1 Allgemeines
2.1.1.1 Lautschrift
2.1.2 Grundlagen
2.1 Standardlautung – Nichtstandardlautung

VORSICHT: FALLE! VORSICHT: FALLE!

Beachten Sie bitte, dass bei der numerischen Einteilung die letzte Zahl ohne Punkt bleibt (z. B. *2.1.1*). – Einzige Ausnahme ist, wenn Satzende und numerische Einteilung zusammentreffen: ... *wie bereits erwähnt in Kapitel 2.1.1.*

Das alphanumerische Inhaltsverzeichnis

I. Einführung
A. Das Wort
1. Der Laut
a) Allgemeines – Lautschrift
b) Grundlagen
2. Standardlautung – Nichtstandardlautung

Die Gliederungen von Erörterungen werden ebenfalls nach einem dieser beiden Schemata aufgebaut.

TRIMM-DICH-RUNDE 4 (Lösungen siehe Seite 107 f.)

Fertigen Sie aus der nachfolgenden Stoffsammlung zwei Gliederungen zum Thema »Video- und DVD-Geräte – Vorteile und Gefahren« an. Verwenden Sie die besprochenen Schemata.

Vorteile:
technischer Art (Kombination mit anderen Geräten, Möglichkeit der Aufzeichnung), beruflicher Art (Einsatz in der Schule, in der Fortbildung), privater Art (Ersatz bei schlechtem Fernsehprogramm, mehr Unterhaltung)

Gefahren:
körperlicher Art (Sehschäden, Haltungsschäden), sozialer Art (Vereinsamung des Menschen, Förderung der Kriminalität)

Wenden wir uns nun den Tabellen und Aufzählungen zu. Wie verfahren Sie da? Setzen Sie etwa einen Punkt? Dann schauen Sie sich bitte die folgende Regel an:

R11 Nach **Tabellen** und **Aufzählungen** wird im Allgemeinen **kein Punkt** gesetzt.

Zunächst eine Tabelle. Nehmen wir ein Beispiel aus der Grammatik, das jeder von Ihnen kennt:

	Singular	Plural
Nominativ	der Berg	die Berge
Genitiv	des Berges	der Berge
Dativ	dem Berg[e]	den Bergen
Akkusativ	den Berg	die Berge

Tabellarische Gliederungen in dieser Form kennen keinen Punkt. Etwas anders gelagert ist der Fall einer Aufzählung. Hier können in einigen Fällen Satzzeichen, also auch der Punkt, gesetzt werden.

Eine Aufzählung ohne Satzzeichen:

Die Deutsche Post bietet im Briefdienst national u. a. folgende Produkte an:

- *Briefe*
- *Postkarten*
- *Infopost*
- *Infobriefe*
- *Warensendungen*
- *Postwurfsendungen*
- *Büchersendungen*
- *Blindensendungen*

Man kann diese Aufzählung allerdings auch als einen zusammenhängenden Satz auffassen und am Ende einen Punkt setzen. In diesem Fall sind jedoch auch Kommas erforderlich:

Die Deutsche Post bietet im Briefdienst national u. a. folgende Produkte an:

- *Briefe,*
- *Postkarten,*
- *Infopost,*
- *Infobriefe,*
- *Warensendungen,*
- *Postwurfsendungen,*
- *Büchersendungen,*
- *Blindensendungen.*

Was ist Ihnen bei diesen Aufzählungen aufgefallen? – Vor den einzelnen Gliedern steht ein Gedankenstrich zur Verdeutlichung der Aufzählung. Man nennt den Gedankenstrich in dieser Funktion auch Spiegelstrich. Er muss nicht gesetzt werden, es genügt auch das reine Untereinanderstellen oder das Einrücken.

Der Punkt nach Abkürzungen

Es soll hier nicht um Sinn oder Bedeutung von Abkürzungen gehen – da könnte man sicher einiges dazu sagen –, sondern um den kleinen schwarzen Fleck, der ab und zu dahinter steht: den Punkt.
Ab und zu? Richtig, es gibt Abkürzungen mit und ohne Punkt.

Abkürzungen mit Punkt

Beispiele:

Abb.	*= Abbildung*	*Nr.*	*= Nummer*
ca.	*= circa*	*od.*	*= oder*
Dr.	*= Doktor*	*ppa.*	*= per procura*
ff.	*= folgende [Seiten]*	*s.*	*= siehe*
Jh.	*= Jahrhundert*	*Str.*	*= Straße*
lfd.	*= laufend*	*vgl.*	*= vergleiche*

Diese Abkürzungen werden nicht so ausgesprochen, wie sie auf dem Papier stehen. Man sagt natürlich *Abbildung* und nicht *Abb.* Daher bekommen sie einen Punkt.

R12 Nach **Abkürzungen** wird ein **Punkt** gesetzt, wenn sie im **vollen Wortlaut** ausgesprochen werden.

TRIMM-DICH-RUNDE 5 (Lösungen siehe Seite 108)

a) Kürzen Sie folgende Wörter ab:

Abteilung	*dergleichen*
Anmerkung	*das heißt*
ausschließlich	*dieses Jahres*
Bemerkung	*evangelisch*
besonders	*Firma*
bitte wenden	*gegebenenfalls*
beziehungsweise	*gezeichnet*

b) Bestimmen Sie die Bedeutung folgender Abkürzungen:

lfd.	*u. Ä.*	*m. E.*
übl.	*m. W.*	*z. B.*
nb.	*zgl.*	*obgl.*
z. H.	*s. o.*	*z. T.*
sog.	*zzt.*	

Abkürzungen ohne Punkt

Anders ist das bei Buchstabenwörtern. Sie werden von jedermann abgekürzt ausgesprochen:

ADAC = *Allgemeiner Deutscher Automobil-Club*
AG = *Aktiengesellschaft*
BGB = *Bürgerliches Gesetzbuch*
BRD = *Bundesrepublik Deutschland*
DGB = *Deutscher Gewerkschaftsbund*
GmbH = *Gesellschaft mit beschränkter Haftung*
UKW = *Ultrakurzwelle*
USA = *United States of America (Vereinigte Staaten von Amerika)*
ZPO = *Zivilprozessordnung*

R13 **Kein Punkt** wird nach **Abkürzungen** gesetzt, wenn sie **als solche** ausgesprochen werden.

Diese Regel birgt einige Ausnahmen. Sie trifft nicht zu bei Abkürzungen, die zwar ohne Punkt geschrieben, aber im vollen Wortlaut ausgesprochen werden: Es handelt sich dabei um Maß- und Münzeinheiten oder Himmelsrichtungen.

Beispiele:

cm = *Zentimeter*
g = *Gramm*
kg = *Kilogramm*
km = *Kilometer*
l = *Liter*
m = *Meter*

EUR = *Euro*
ct = *Cent[s]*
N = *Nord[en]*
S = *Süd[en]*
SO = *Südost[en]*

Daher ist eine Ergänzung notwendig:

R14 Nach **abgekürzten Maß- und Münzeinheiten** oder **Himmelsrichtungen** wird **kein Abkürzungspunkt** gesetzt.

VORSICHT: FALLE! VORSICHT: FALLE!

Es ist normalerweise nicht Sinn dieses Buches, alle erdenklichen Sonderfälle aufzuzeigen. Dennoch möchten wir auf einige Ausnahmen nicht verzichten, da deren Gebrauch ebenso üblich ist:

a) Der Punkt steht nach einigen Abkürzungen, die heutzutage nicht mehr im vollen Wortlaut ausgesprochen werden: *a. D. (= außer Dienst), i. V. (= in Vertretung)*
b) Der Punkt steht nach Gewichtseinheiten, die heute nicht mehr als vollkommen richtig empfunden werden: *Pfd. (= Pfund), Ztr. (= Zentner)*
c) Die Abkürzungen *usw.* und *usf.* bekommen nur einen Punkt.
d) Die Abkürzung *Co.* kann mit oder ohne Punkt geschrieben werden. Achten Sie auf die korrekte Schreibung des Firmennamens!

TRIMM-DICH-RUNDE 6 (Lösungen siehe Seite 109)

Kürzen Sie die folgenden Wörter ab:
Deutsche Industrie-Norm[en]
Technischer Überwachungs-Verein
Arbeitsgemeinschaft der öffentlich-rechtlichen Rundfunkanstalten der Bundesrepublik Deutschland
Personal Computer
Grundgesetz

Wenn Abkürzungs- und Schlusspunkt aufeinandertreffen

Nun wissen Sie zwar, wann bei Abkürzungen ein Punkt notwendig oder überflüssig ist. Doch was tun Sie, wenn Abkürzung und Schlusspunkt aufeinandertreffen?

Beispiele:

Er ist Regierungsrat a. D.
Sie schreibt Bücher über Schrift, Sprache usw.
Er wohnt in den USA.
Das Kfz-Kennzeichen von Regensburg ist R.

TRIMM-DICH-RUNDE 7 (Lösungen siehe Seite 109)

R15

Nein, die Regel wurde weder vergessen, noch gibt es keine Regel. Sie sollen selbst eine formulieren.

Der Punkt nach Ordnungszahlen

Die Mathematik verfolgt uns sogar bis zur Zeichensetzung. Aber Sie können beruhigt sein: Wir wollen uns nicht den Satz des Thales oder die binomischen Formeln ansehen. Oder wäre Ihnen das lieber gewesen?
Worum es geht, das ist die Verwendung des Punktes bei Ordnungszahlen. Was ist das für eine Zahl? – Ordnungszahlen (Ordinalzahlen) bezeichnen eine Reihenfolge (*erste, zweite, dritte* usw.).

Sehen Sie sich einmal die folgenden Beispiele an:

*Friedrich **II.**; **1.** Mose 2,2; **3.** Fall; **2.** Stockwerk*

Die hervorgehobenen Zahlen bezeichnen die Reihenfolge; das sind Ordnungs- oder Ordinalzahlen. So einfach kann das sein! Es liegt klar auf der Hand:

R16 Der **Punkt** wird nach **Ordnungszahlen** gesetzt.

Die Auslassungspunkte

Auslassungspunkte – drei an der Zahl! – setzt man, um den Abbruch oder das Verschweigen eines Gedankens auszudrücken, und wenn man ein Zitat nur teilweise anführt. Der Leser wird zum Mitdenken aufgefordert, oder er tappt im Dunkeln. Was heißt das im Einzelnen?

Auslassungspunkte als Kennzeichnung eines Abbruchs

Beispiele:

Es wäre am besten, wenn er …
Lügen haben kurze …
Mir fehlen die W…
Das Wort beginnt mit Ch…
»Eins, zwei, drei, eins, zwei …«

R17 **Drei Auslassungspunkte** werden gesetzt, wenn eine **Rede abgebrochen** oder ein **Gedankenabschluss verschwiegen** wird.

Auslassungspunkte als Zitatlücke

Nun zur zweiten Verwendungsmöglichkeit der Auslassungspunkte. Zitiert wird immer dann, wenn man den Originallaut einer Rede wiedergeben möchte. Reicht eine Darstellung in gekürzter Form, setzt man in die Zitatlücken Auslassungspunkte.
Ein Beispiel für eine Zitatlücke:

Leider ist … der Eindruck entstanden, dass vom Institut für Deutsche Sprache neue Regeln … festgelegt worden seien.

Das Zitat lautet vollständig:

Leider ist in der Öffentlichkeit der Eindruck entstanden, dass vom Institut für Deutsche Sprache neue Regeln für die deutsche Orthografie festgelegt worden seien.

Wir können uns also merken:

R 18 **Drei Auslassungspunkte** werden gesetzt, wenn ein zitierter Text **unvollständig** wiedergegeben wird.

Wenn Auslassungspunkte mit anderen Satzzeichen zusammentreffen

Ein verzwickter Fall? Keineswegs! Die folgenden Ausführungen werden es beweisen:

R 19 Am **Satzende** ist der letzte Auslassungspunkt **zugleich** der Satzschlusspunkt.
Am **Satzanfang** ist der erste Auslassungspunkt **nie zugleich** Schlusspunkt des vorausgegangenen Satzes.

Beispiele:

Iss doch endlich und …
Wer den Pfennig nicht ehrt, ist …
Iss doch endlich und komm. … was nur in seinem Kopf vorgeht.
Wer den Pfennig nicht ehrt, ist des Talers nicht wert. … ein altes Sprichwort.

R20 Satzzeichen innerhalb der Auslassung werden im Allgemeinen **weggelassen.** Sie müssen jedoch gesetzt werden, wenn es der Satzzusammenhang erfordert.

Beispiel:

Ich glaube …[, dass wir das Auto gemeinsam kaufen müssen,] und ich hoffe, dass wir uns einigen werden.
Als er dies gesagt hatte …, griff er zu seinem Taschenrechner …, machte einige Notizen …, dann legte er … einen Scheck auf den Tisch …

TRIMM-DICH-RUNDE 8 (Lösungen siehe Seite 109)

Kürzen Sie den folgenden Text:
Das Grundgesetz existiert nunmehr seit über vier Jahrzehnten. Am 3. Oktober 1990 ist es auch in den fünf neuen Bundesländern (ehemals DDR) mit deren Beitritt zur Bundesrepublik in Kraft getreten. Wir können heute feststellen, dass sich das einstige Provisorium – in der Zwischenzeit durch über dreißig Änderungen den jeweiligen Verhältnissen angepasst – als dauerhafte und praktikable Verfassung und Grundlage dieses Staates erwiesen hat.[2]

20 Regeln liegen nun hinter uns. Wissen Sie noch die erste? Haben Sie vielleicht einmal den Faden verloren? Dann haben Sie Glück: Wir wollen die wichtigsten Gesetzmäßigkeiten Revue passieren lassen:

Das Wichtigste auf einen Blick

Der Punkt …

… steht

nach **Aussagesätzen**

nach **Satzstücken**

nach **Abkürzungen**, die im **vollen Wortlaut** ausgesprochen werden

nach **Ordnungszahlen**

… steht nicht

nach **frei stehenden Zeilen** in
- Briefen
- Überschriften und Titeln
- Inhaltsverzeichnissen
- Tabellen und Aufzählungen

nach **Abkürzungen**, die **als solche** ausgesprochen werden

nach **abgekürzten Maß- und Münzeinheiten oder Himmelsrichtungen**

nach **Abkürzungspunkten** oder dem letzten **Auslassungspunkt am Satzende**

Das verflixte Komma – reine Schikane?

Wann brauchen wir ein Komma?

Das Komma bereitet vielen in der gesamten Zeichensetzung die größten Probleme. Das liegt daran, dass es einfach sehr viele Regeln und Zweifelsfälle gibt. Der richtige Gebrauch dieses Pausenzeichens ist daher in der Praxis eher eine Seltenheit. Meist überwiegt die wahllose »Einstreuung« in Sätze und Texte. Damit Sie mit dem Komma besser vertraut werden oder Ihre Kenntnisse auffrischen können, haben wir Ihnen einige Faustregeln zusammengestellt, die Ihnen als Wegweiser beim Schreiben und Lesen dienen sollen.

Die wichtigste Aufgabe des Kommas ist die Gliederung der einzelnen Sätze. Es unterteilt die Aufzählung, den Haupt- und Nebensatz (Gliedsatz) und macht Einschübe deutlich.
Das Komma wird manchmal auch Beistrich genannt. Die Pluralform (Mehrzahl) von *Komma* lautet *Kommas* und *Kommata*. Die erste Variante ist heute üblicher und sollte daher auch von Ihnen verwendet werden.
Lassen Sie uns das Sorgenkind der deutschen Zeichensetzung einmal unter die Lupe nehmen.

Das Komma zwischen Satzteilen

Das Komma bei der Aufzählung

Beispiele:

Benjamin kauft sich CDs von Michael Jackson, Madonna, ABBA.
Sie hat T-Shirts in Rot, Blau, Weiß, Grün.
Er liest gerne Bücher über das Leben der Elefanten, der Nilpferde, der Tiger.
Doris sammelt Telefonkarten, Bierdeckel, Flaschenöffner, Streichholzschachteln.

Sie sehen, was das Komma hier bezweckt:

R21 Das **Komma** trennt die **Teile einer Aufzählung.**

VORSICHT: FALLE! VORSICHT: FALLE!

Kein Komma steht, wenn die Teile einer Aufzählung durch

– *und*	– *sowohl – als auch*
– *oder*	– *weder – noch*
– *beziehungsweise*	oder
– *[so]wie*	– *entweder – oder*

verbunden sind.

Einige Beispiele:
Ich esse Fisch ***und*** *Fleisch sehr gerne.*
Nach der Wiedervereinigung wurde darüber verhandelt, ob Bonn ***oder*** *Berlin die zukünftige Hauptstadt Deutschlands werden soll.*
Jungen ***[so]wie*** *Mädchen nahmen an dem Spiel teil.*
Wir waren im Urlaub ***sowohl*** *im Campingwagen* ***als auch*** *im Hotel.*
Er wird ***weder*** *heute noch morgen das Altglas entsorgen.*
Sie kommt ***entweder*** *heute* ***oder*** *morgen vorbei.*

TRIMM-DICH-RUNDE 9 (Lösungen siehe Seite 109 f.)

Ergänzen Sie die fehlenden Kommas:
Rolf liest am liebsten Bücher von Siegfried Lenz Heinrich Mann Christa Wolf und Doris Lessing.
Elmar hört am liebsten Musik von Udo Jürgens, Juliane Werding sowie von den Schürzenjägern.
Seine Schreibmaschine hat ein 14-Zeilen-Display einen automatischen Papiereinzug und eine DIN-Tastatur.
Meine Uhr hat weder eine Stoppfunktion noch einen Alarm.
Wir haben sowohl Zucker als auch Butter im Haus.

Ganz anders sieht die Lage aus, wenn Adjektive (Eigenschaftswörter) vor dem Substantiv (Hauptwort) stehen. Da müssen Sie etwas nachdenken. Sehen Sie sich dazu folgende zwei Sätze an:

In diesem Geschäft gibt es ***japanische Geräte****.*

1. Adjektiv (japanische)

In diesem Geschäft gibt es ***gute japanische*** *Geräte.*

2. Adjektiv (gute) 1. Adjektiv (japanische)

Andreas bekam eine ***elektronische Schreibmaschine****.*

1. Adjektiv (elektronische)

Andreas bekam eine ***neue elektronische*** *Schreibmaschine.*

2. Adjektiv (neue) 1. Adjektiv (elektronische)

> **R22 Kein Komma** wird vor dem **letzten aufgezählten Adjektiv** gesetzt, wenn dieses mit dem dazugehörigen Substantiv eine **Einheit**, einen **Begriff** bildet.

Aber es gibt auch eine Ausnahme:

> **R23** Ein **Komma** wird vor dem **letzten aufgezählten Adjektiv** gesetzt, wenn dieses mit dem dazugehörigen Substantiv **keinen Gesamtbegriff** bildet.

Tipp:

In diesen Fällen lässt sich anstatt des Kommas das Wort *und* einsetzen.

Beispiel:

*Ein **alter, schwacher** Mann bekam einen Herzinfarkt.*
Hier könnte man auch sagen:
*Ein **alter und schwacher** Mann bekam einen Herzinfarkt.*

TRIMM-DICH-RUNDE 10 (Lösungen siehe Seite 110)

Setzen Sie die fehlenden Kommas ein:
Sie sahen sich das interessante chemische Experiment an.
Sie ist ein nettes braves Mädchen.
Er fährt ein neues japanisches Auto.
Das schöne neuromanische Schloss Neuschwanstein wurde für König Ludwig II. erbaut.
Das schöne große Schloss Neuschwanstein wurde für König Ludwig II. erbaut.

Das Komma bei der Briefanrede

Beispiele:

Sehr geehrte Damen und Herren,
haben Sie vielen Dank …

Lieber Jürgen,
für Deinen Brief …

In diesen Fällen kann statt des Kommas auch ein Ausrufezeichen gesetzt werden. Doch dazu später mehr. Zunächst gilt:

R24 Das **Komma** wird nach der **Briefanrede** gesetzt.

Das Komma bei der Datumsangabe

Über den Punkt in der Datumsangabe haben wir uns ja schon ausführlich unterhalten. Vielleicht wissen Sie noch genau, wo das Komma stand. Richtig:

R25 Das **Komma** wird bei der **Datumsangabe zwischen den einzelnen Gliedern** gesetzt.

Beispiele:

Hamburg, 4. Juli 2008
Hamburg, im Juli 2008

Das Komma bei Beisätzen und Satzeinschüben

Alle Informationen, die Sie zusätzlich in einem Satz unterbringen wollen, kleiden Sie in die Form eines Beisatzes oder Satzeinschubes.
Der Beisatz – auch Apposition genannt – steht im gleichen Fall wie das Substantiv und bestimmt dieses näher. Der Beisatz könnte also als erklärender Zusatz umschrieben werden.

Beispiele:

Albert Einstein, ***ein deutscher Physiker****, starb im Jahre 1955.*
Helmut Schmidt, ***ehemaliger Bundeskanzler****, wurde 1918 in Hamburg geboren.*
Bayern, ***das größte Bundesland****, besteht aus sieben Regierungsbezirken.*

Sie tun dem Satz auch nichts an, wenn Sie ihm seinen Beisatz stehlen:

Albert Einstein starb im Jahre 1955.
Helmut Schmidt wurde 1918 in Hamburg geboren.
Bayern besteht aus sieben Regierungsbezirken.

Nun können Sie mit einfachen Mitteln herausfinden, ob Sie es mit einem Beisatz zu tun haben oder nicht.
Und wer schon genau auf die Kommas geachtet hat, kennt diese Regel bereits:

R26 Der **Beisatz** wird durch **Kommas** abgetrennt.

Doch so einfach wollen wir es uns nicht machen – die Ausnahmen:

VORSICHT: FALLE! VORSICHT: FALLE!

Beachten Sie die folgenden Besonderheiten:

a) ***Thomas, mein Arbeitskollege*** *und* ***ich*** *legen eine*

1. Person — 2. Person — 3. Person

Prüfung ab.

Es handelt sich um eine Aufzählung von drei Personen:
- Thomas
- mein Arbeitskollege
- ich

Thomas, mein Arbeitskollege, *und* ***ich*** *legen eine*

1. Person — Beisatz — 2. Person

Prüfung ab.

Es handelt sich um einen Beisatz innerhalb der Aufzählung von zwei Personen:
- Thomas (= mein Arbeitskollege)
- ich

b) Kein Komma steht in folgenden Fügungen:

Karl der Dicke — *Johann der Beständige*
Friedrich der Weise — *Friedrich der Streitbare*

Jetzt werfen wir einen Blick auf die Satzeinschübe. Sie werden häufig durch folgende Wörter und Fügungen eingeleitet:

und zwar *vielleicht*
und das *namentlich*
nämlich *besonders*

Beispiele:

Die Sendung wird bald eintreffen, ***und zwar*** *übermorgen.*
Er ärgert mich, ***und das*** *am Morgen.*
Sie war längere Zeit auf Reisen, ***nämlich*** *sechs Jahre.*
Sie wird längere Zeit auf Reisen gehen, ***vielleicht*** *sechs oder sieben Jahre.*
Drei Kinder spielen im Hof, ***namentlich*** *Tick, Trick und Track.*
Die Satzzeichen bereiten uns Probleme, ***besonders*** *das Komma.*

R27 Satzeinschübe werden durch **Kommas** abgetrennt.

VORSICHT: FALLE! VORSICHT: FALLE!

Die Kommasetzung vor *das heißt (d. h.), das ist (d. i.)* und *zum Beispiel (z. B.)*

- Vor *das heißt, das ist* und *zum Beispiel* steht ein **Komma.**
- Nach *das heißt, das ist* und *zum Beispiel* steht **kein Komma**, wenn eine Erläuterung folgt.
- Nach *das heißt, das ist* und *zum Beispiel* steht ein **Komma**, wenn ein vollständiger Satz, ein Teil eines Satzes oder eine Infinitivgruppe (siehe Seite 45 ff.) folgt.

Beispiele:

Afrika besteht aus vielen Ländern, ***z. B.*** *Algerien, Libyen, Tschad, Niger.*
Beim nächsten Treffen, ***d. i.*** *am 12. Januar, werden wir das Problem klären.*
Ich komme im Juli, ***d. h.****, wenn ich die Abschlussprüfung bestanden habe.*
Er versuchte, den Tormann auszutricksen, ***d. h.****, ihn geschickt zu umspielen.*

TRIMM-DICH-RUNDE 11 (Lösungen siehe Seite 110)

Setzen Sie in den folgenden Sätzen die fehlenden Kommas ein:

Sie hatte viele Geschenke bekommen z. B. ein neues Kleid einen Videorekorder und einen CD-Player.

Wir erlernen gerade die Interpunktion d. h. die Zeichensetzung.

Er besucht uns gerne besonders sonntags.

Die neue Arbeitskraft ein fleißiger Mann arbeitet im Garten.

Das Komma bei Konjunktionen

Konjunktionen (Bindewörter) werden uns im Laufe der Zeit noch öfter beschäftigen. Deshalb auch gleich vorweg die Aufgabe dieser Wörter:
Konjunktionen verbinden Wörter und Sätze.

Beispiele:

Jungen und Mädchen
Wenn es regnet, gehe ich nicht aus dem Haus.
Ich denke, dass er nicht gestohlen hat.
Das Bild ist schön, aber für unser Zimmer zu groß.

Wo wird das Komma gesetzt? Nicht zwischen Wörtern, sondern:

R28 Das **Komma** wird **zwischen Satzteilen** gesetzt, die durch Konjunktionen verbunden sind.

Die oben genannten Konjunktionen sind nur ein kleiner Teil dessen, was unsere Sprache noch zu bieten hat. Hier die am häufigsten verwendeten Konjunktionen:

aber	*dennoch*	*sondern*
allein	*doch*	*sonst*
also	*ebenso*	*trotzdem*
andernfalls	*ferner*	*vielmehr*
ansonsten	*folglich*	*wenn auch*
auch	*geradezu*	*zumal*
außerdem	*hingegen*	*und*
dagegen	*jedoch*	*oder*
dass	*nämlich*	

bald – bald
einerseits – andererseits
einesteils – anderenteils
halb – halb
jetzt – jetzt
nicht nur – sondern auch
ob – ob
teils – teils
zwar – aber

Und so finden Sie die Konjunktionen im Satz wieder:

Sie möchte zwar fit bleiben, ***aber*** *nicht den Sportunterricht aufsuchen.*
Max möchte in den Tierpark, ***andernfalls*** *schreit er.*
Paula lernt eine Fremdsprache, ***doch*** *erfolglos.*
Die Zeichensetzung ist schwierig, ***ebenso*** *die Grammatik.*
Sie geht ins Schwimmbad, ***jedoch*** *erst am Abend.*
Er isst heute im Gasthaus, ***ansonsten*** *bei sich zu Hause.*
Seine Aufgaben bearbeitet er ***teils*** *selbst,* ***teils*** *mithilfe anderer.*

Bei *und, oder, beziehungsweise, [so]wie, sowohl – als auch, weder – noch* und *entweder – oder* müssen Sie etwas vorsichtig sein. Es steht kein Komma, wenn unvollständige Sätze, Satzteile oder Wörter folgen, aber es steht ein Komma, wenn vollständige Sätze (z. B. Subjekt – Prädikat – Objekt) folgen.

Achten Sie auch auf diese Fallen:

VORSICHT: FALLE! VORSICHT: FALLE!

Kein Komma steht vor *als* und *wie* bei Vergleichen von Personen, Dingen o. Ä.:
Günter ist kleiner ***als*** *Christian.*
Christian ist so stark ***wie*** *Manfred.*

Bei Vergleichen, die aus einem ganzen Satz bestehen, steht ein Komma:
Günter ist kleiner, ***als*** *Christian in diesem Alter war.*

TRIMM-DICH-RUNDE 12 (Lösungen siehe Seite 110)

Ergänzen Sie die fehlenden Kommas:

Er holt sowohl die Mutter als auch die Schwiegermutter ab.
Die Zeichensetzung ist wichtig jedoch nicht immer einfach.
Heute kocht er ebenso morgen.

Das Komma bei Infinitivgruppen

Die Infinitivgruppe (Gruppe der Grundform) besteht aus dem Wort *zu* und einem Verb (Tätigkeitswort), das im Infinitiv steht und oftmals mit einer näheren Bestimmung verbunden ist.

Ein Beispiel zur Verdeutlichung:

Sie versucht, die Angelegenheit zu bereinigen.

nähere Bestimmung »zu« plus Verb im Infinitiv

Für die Zeichensetzung gilt:

R29 Bei **Infinitivgruppen muss** in drei Fällen ein Komma stehen:

- Die **Infinitivgruppe** wird mit ***als***, ***[an]statt***, ***außer***, ***ohne***, ***um*** eingeleitet:
  Sie konnte nichts Besseres tun, ***als*** *ab**zu**reisen.*

- Die **Infinitivgruppe** hängt von einem **Substantiv** (Hauptwort) ab:
  Er hat den ***Wunsch,*** *die Arbeitsstelle* ***zu*** *wechseln.*

- Die **Infinitivgruppe** wird durch ein **hinweisendes Wort angekündigt** oder **wieder aufgenommen:**
  In dieser Sache bin ich ***dafür,*** *ab**zu**stimmen.*
  Einmal Paris ***zu*** *sehen,* ***das*** *war ihr Kindheitstraum.*

Und weiter geht es mit …

R30 Wenn der Infinitiv **nicht** mit einer näheren Bestimmung oder den Wörtern ***als***, ***[an]statt***, ***außer***, ***ohne***, ***um*** verbunden ist, **kann** auf das Komma verzichtet werden, wenn dadurch **keine Missverständnisse** entstehen können.

Auch hier noch ein Beispiel:

Den Entschluss, wegzulaufen, hatte sie schon lange gefasst.
oder:
Den Entschluss wegzulaufen hatte sie schon lange gefasst.

TRIMM-DICH-RUNDE 13 (Lösungen siehe Seite 111)

Ergänzen Sie die fehlenden Kommas:

Sie ging in das Einkaufszentrum um ein Geschenk zu kaufen.
Er fasste den Gedanken das Abitur nachzuholen.
Andrea spielte statt zu lernen.

Das Komma bei Partizipgruppen

Das Partizip (Mittelwort) nimmt eine Mittelstellung zwischen dem Verb (Tätigkeitswort) und Adjektiv (Eigenschaftswort) ein. Es bezeichnet die Handlung und Erscheinungsform zugleich.

Es gibt zwei verschiedene Formen:

a) das Partizip der Gegenwart (Partizip I):
lachend, singend, lesend, essend, trinkend
Es endet immer auf *-end* oder *-nd*.
Die Handlung geschieht momentan.

b) das Partizip der Vergangenheit (Partizip II):
gelacht, gesungen, gelesen, gegessen, getrunken
Es beginnt immer mit *ge-*.
Die Handlung ist bereits vorüber.

Zur Kommasetzung merken Sie sich bitte folgende zwei Regelungen:

R31 Bei **Partizipgruppen kann** ein Komma stehen, um die **Gliederung** des Satzes zu verdeutlichen oder um **Missverständnisse** auszuschließen.

Beispiel:

Das Honorar ***betreffend*** *möchten wir Ihnen einen Vorschlag unterbreiten.*

oder:

Das Honorar ***betreffend****, möchten wir Ihnen einen Vorschlag unterbreiten.*

R32 Wenn die **Partizipgruppe** durch ein **hinweisendes Wort angekündigt** oder **wieder aufgenommen** wird, **muss** ein Komma gesetzt werden.

Beispiel:

Genau so*, mit viel Schinken belegt, hat sie die Pizza am liebsten.*

Das Komma zwischen Sätzen

Nicht dass wir Sie verärgern wollten, aber es ist ziemlich sinnlos, Regeln zur Kommasetzung zu pauken, wenn man die einfachsten Grundregeln der Grammatik nicht kennt. Daher möchten wir mit Ihnen als Grundlage für die nachfolgenden Kapitel kurz die Merkmale des Haupt- und Nebensatzes (Gliedsatzes) erarbeiten. Der Rest sollte dann nur noch ein Kinderspiel sein.

a) **Merkmale des Hauptsatzes:**

- Der Hauptsatz kann **allein** stehen.
- Er besteht mindestens aus
  - **Satzgegenstand**
    (Subjekt; Frage: wer oder was?) und
  - **Satzaussage**
    (Satzkern, Prädikat; Frage: was wird getan?).

b) **Merkmale des Nebensatzes:**

- Der Nebensatz ist **unselbstständig**.
- Er **gehört zu einem Hauptsatz.**
- Der Nebensatz wird durch ein **Fügewort** eingeleitet. Fügewörter sind Pronomen (Fürwörter) und Konjunktionen (Bindewörter).

Beispiele:

der, das, welcher, wer, was, wann, wo, woher, wie; dass, weil, da, damit, ob, als, als ob, indem, nachdem, wahrend, wenn, falls, ehe, obwohl usw.

- Am **Ende des Nebensatzes** steht in der Regel **ein konjugiertes Verb** (gebeugtes Tätigkeitswort).

Beispiele:

Ich glaube, ***dass*** *er noch heute* ***kommt****.*

Fügewort (hier: Konjunktion) – konjugiertes Verb

HAUPTSATZ – **NEBENSATZ**

Wenn *er heute* ***kommt****,* *erwartet ihn eine Überraschung.*

Fügewort (hier: Konjunktion) – konjugiertes Verb

NEBENSATZ – **HAUPTSATZ**

Das Buch, ***das*** *in der 2. Auflage* ***erscheint****,* *ist bekannt.*

Fügewort (hier: [Relativ]pronomen) – konjugiertes Verb

HAUPTSATZ (1. TEIL) – **NEBENSATZ** – **HAUPTSATZ** (2. TEIL)

Das Komma zwischen Hauptsätzen

Lassen Sie uns die Regel gleich vorwegnehmen:

R33 Das **Komma** wird zwischen **Hauptsätzen** gesetzt.

Beispiele:

Er kommt, sie geht.
Mutter spült, Vater trocknet ab.

An diesen einfachen Beispielen sehen Sie noch einmal sehr schön, dass ein Hauptsatz mindestens aus einem Subjekt und einem Prädikat besteht.

VORSICHT: FALLE! VORSICHT: FALLE!

Durch die Einführung der neuen Rechtschreibung ist die Kommasetzung vor *und* bzw. *oder* freigestellt:
Petra holt die Zeitung[,] ***und*** *Peter liest sie.*
Alexander hört Musik[,] ***und*** *Cornelia trinkt Tee.*

aber:
Jutta macht deutlich, dass dies keine angemessene Lösung war, und fordert entsprechende Änderungen.

Das Komma zwischen Haupt- und Nebensatz

Vielleicht haben noch einige von Ihnen Schwierigkeiten mit diesem Fall, aber Sie haben es sicher schon den bisherigen Beispielen entnehmen können:

R34 Das **Komma** wird zwischen **Haupt- und Nebensatz** gesetzt.

Dabei ist es egal, ob der Nebensatz zu Beginn, in der Mitte oder am Ende des Satzes steht.

Beispiele:

Er dachte, dass das Buch ein schönes Geschenk sei.
Dass das Buch ein schönes Geschenk sei, dachte er.
Unser Auto, das Papas Stolz ist, muss in die Werkstatt.

TRIMM-DICH-RUNDE 14 (Lösungen siehe Seite 111)

Bestimmen Sie die Haupt- und Nebensätze der oben angeführten Beispiele.

Das Komma zwischen Nebensätzen

Ich glaube,	Hauptsatz
dass er die Arbeit erledigt,	1. Nebensatz
die er bekommen hat.	2. Nebensatz

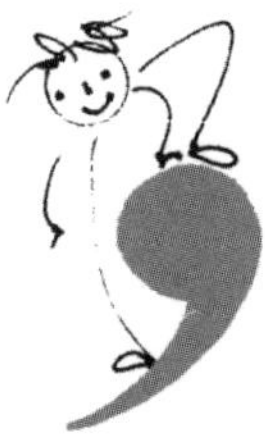

TRIMM-DICH-RUNDE 15 (Lösungen siehe Seite 111)

Finden Sie eine Regel zu dem genannten Beispiel:

R35

VORSICHT: FALLE! VORSICHT: FALLE!

Die Nebensätze dürfen allerdings nicht durch *und* bzw. *oder* verbunden sein:
Ich glaube, dass das Wetter schön wird ***und*** *ich kommen werde.*
Sie dachte, dass das Projekt völlig abgeschlossen sei ***und*** *die Arbeit beginnen könne.*

Das Wichtigste auf einen Blick

Das Komma …

… steht	… steht nicht
bei **Aufzählungen**	bei **Aufzählungen**, die durch *und* *oder* *beziehungsweise* *[so]wie* *sowohl – als auch* *weder – noch* oder *entweder – oder* verbunden sind
vor dem **letzten aufgezählten Adjektiv**, wenn dieses mit dem dazugehörigen Substantiv **keinen Gesamtbegriff** bildet	vor dem **letzten aufgezählten Adjektiv**, wenn dieses mit dem dazugehörigen Substantiv eine **Einheit**, einen **Begriff** bildet
nach der **Briefanrede**	
bei der **Datumsangabe zwischen den einzelnen Gliedern**	

Das Komma …

… steht

im **Beisatz**

bei **Satzeinschüben**

zwischen **Satzteilen**, die durch **Konjunktionen** verbunden sind

in bestimmten Fällen bei **Infinitiv-** und **Partizipgruppen**

zwischen **Hauptsätzen**

zwischen **Haupt**- und **Nebensatz**

zwischen **Nebensätzen**

Das Semikolon – wenn Punkt und Komma nicht weiterhelfen

Wann brauchen wir ein Semikolon?

Die Antwort zu dieser Frage finden wir bereits in der großen Kapitelüberschrift: Wir brauchen das Semikolon – auch Strichpunkt genannt –, wenn uns Punkt und Komma im Stich lassen. Es ist somit ein weiterer Vertreter der von uns so heiß und innig geliebten Satzzeichen. Das Semikolon ersetzt den Punkt, wenn dieser zu stark trennt; es ersetzt das Komma, wenn dieses zu schwach trennt.
Im letzten Satz wurde das Semikolon bereits so verwendet, wie es sein soll. Immer wenn Sie etwas in einem Satz aussagen, aber dennoch eine stärkere Unterbrechung einfügen wollen, setzen Sie das Semikolon.

Das Semikolon bei Aufzählungen

Das Semikolon hilft uns bei längeren Aufzählungen oft aus der Klemme. Es kennzeichnet die einzelnen Gebiete, indem es sachlich Zusammengehörendes, die Sinneinheiten, zusammenfasst.

Beispiele:

Die Physik beschäftigt sich u. a. mit Arbeit, Leistung, Energie; Schwingungen, Wellen; Lichtquellen, Lichtstärken, Lichtgeschwindigkeiten.
Im Wald gibt es Hirsche, Rehe, Hasen und Füchse; Eidechsen, Schlangen, Blindschleichen; Ameisen, Käfer, Schmetterlinge und Fliegen.

R36 Das **Semikolon** kennzeichnet bei längeren Aufzählungen die einzelnen **Sinneinheiten**.

TRIMM-DICH-RUNDE 16 (Lösungen siehe Seite 111)

Setzen Sie in den nachfolgenden Sätzen die fehlenden Kommas und Semikola ein:

Von seinen Ersparnissen kaufte er sich Schuhe Hemden Hosen Socken einen Computer CDs einen DVD-Player DVDs Stühle Tische und Fachbücher.

Wir haben bereits gelernt, dass der Punkt nach Aussagesätzen Satzstücken Buchstabenwörtern Maß- Münzeinheiten Himmelsrichtungen und Ordnungs- oder Ordinalzahlen steht.

Das Semikolon in Sätzen

Das Semikolon ersetzt den Punkt

Wiederholen wir nochmals den Satz, der zu Beginn über die Verwendung des Semikolons gesagt wurde:
Das Semikolon ersetzt den Punkt, wenn dieser zu stark trennt; es ersetzt das Komma, wenn dieses zu schwach trennt.

Wir haben es hier mit zwei Hauptsätzen zu tun, an denen noch Nebensätze (Gliedsätze) angehängt wurden:

Das Semikolon ersetzt den Punkt,	**Hauptsatz 1**
wenn dieser zu stark trennt;	Nebensatz von Hauptsatz 1
es ersetzt das Komma,	**Hauptsatz 2**
wenn dieses zu schwach trennt.	Nebensatz von Hauptsatz 2

R37 Das **Semikolon** wird zwischen längeren Sätzen gesetzt, die inhaltlich **eng zusammengehören.**

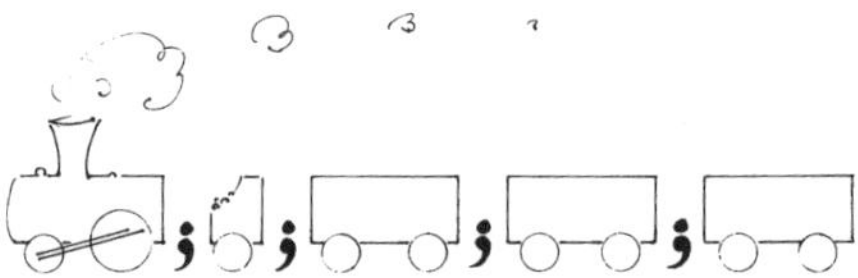

TRIMM-DICH-RUNDE 17 (Lösungen siehe Seite 112)

Setzen Sie die fehlenden Semikola ein:

Bei der Rechtschreibung hatten wir uns vor der Reform streng nach dem »Duden« zu richten andere Schreibweisen galten als nicht korrekt.

Bücher gibt es in verschiedenen Größen sie haben in der Regel ein genormtes Format.

Das Semikolon ersetzt das Komma

Was Konjunktionen sind, haben wir bereits gesehen. Sie spielen auch beim Semikolon eine Rolle.

> **R38** Das **Semikolon** wird zwischen Sätzen gesetzt, von denen der letzte durch eine **Konjunktion eingeleitet** wird.

Beispiele:

Der Fall ist erledigt; ***darum*** *wollen wir uns nicht mehr mit ihm beschäftigen.*
Er hatte gut gelernt; ***deshalb*** *erreichte er eine gute Note.*

Weitere typische Konjunktionen sind *aber, daher, denn, deswegen* und *doch*.

Das Wichtigste auf einen Blick

Das Semikolon …

… steht

zwischen längeren Aufzählungen
zur **sinngemäßen Gliederung**

zwischen längeren Sätzen, die inhaltlich
eng zusammengehören

zwischen Sätzen, von denen der letzte
durch eine **Konjunktion eingeleitet** wird

Der Doppelpunkt – Zeichen des Übergangs

Wann brauchen wir einen Doppelpunkt?

Der Doppelpunkt soll uns im Text zu einer Pause veranlassen und uns zugleich auf das Nachfolgende aufmerksam machen. Er ist kein Schlusszeichen, sondern ein Übergangs- und Ankündigungszeichen. Der Doppelpunkt leitet eine direkte (wörtliche) Rede ein, kündigt etwas Besonderes an und hebt Wörter, Satzteile und Sätze hervor. So kann er in einem Satz oder zwischen zwei Sätzen stehen, ohne die zusammengehörenden Teile zu trennen.

Der Doppelpunkt kündigt an

Der Doppelpunkt vor der direkten Rede

Er fragte: »Wird das Wort großgeschrieben?«
Sie sagte: »Ja.«
Peter sprach: »Ich muss mein Mofa reparieren lassen.«

Für alle, denen der Unterschied zwischen der direkten (wörtlichen) und indirekten (nicht wörtlichen) Rede nicht ganz klar ist, hier noch einmal eine kurze Gegenüberstellung:
Die direkte Rede gibt ein Gespräch im genauen Wortlaut, also wortwörtlich, wieder. Die indirekte Rede gibt den Inhalt eines Gesprächs dem Sinngehalt nach wieder.

Beispiel:

direkte Rede:
Der Vater sagte: »Ich gehe in die Stadt.«

indirekte Rede:
Der Vater sagte, dass er in die Stadt gehe.
Der Vater sagte, er gehe in die Stadt.

Durch dieses Beispiel wird deutlich:

R39 Der **Doppelpunkt** wird vor der **direkten Rede** gesetzt.

Dies gilt selbstverständlich auch für Zitate:

R40 Der **Doppelpunkt** wird vor wörtlich wiedergegebenen **Zitaten** gesetzt.

Beispiele:

J. F. Kennedy sagte: »Ich bin ein Berliner.«
Johann Wolfgang von Goethe schrieb: »Alles Gescheite und Große existiert in der Minorität.«

Der Doppelpunkt vor Aufzählungen

Der Doppelpunkt kündigt Aufzählungen im Satz an.

Beispiele:

In der Mathematik gibt es fünf Brucharten: den echten, unechten, uneigentlichen, gleichnamigen und ungleichnamigen Bruch.

Die Bundesrepublik Deutschland besteht aus folgenden Bundesländern: Baden-Württemberg, Bayern, Berlin, Brandenburg, Bremen, Hamburg, Hessen, Mecklenburg-Vorpommern, Niedersachsen, Nordrhein-Westfalen, Rheinland-Pfalz, Saarland, Sachsen, Sachsen-Anhalt, Schleswig-Holstein und Thüringen.

Hätten Sie gedacht, dass die Verwendung des Doppelpunktes so viel mit Allgemeinbildung zu tun haben könnte? Aber Scherz beiseite, die Aufgabe des Doppelpunktes in diesem Fall liegt klar auf der Hand:

R41 Der **Doppelpunkt** wird vor **Aufzählungen** gesetzt, wenn diese **angekündigt** werden.

Bevor Sie jedoch übermütig werden, hier wieder die berühmten Ausnahmen:

VORSICHT: FALLE! VORSICHT: FALLE!

Der Doppelpunkt ist überflüssig, wenn die Aufzählung durch
- *nämlich,*
- *das heißt (d. h.),*
- *das ist (d. i.),*
- *zum Beispiel (z. B.)*

eingeleitet wird.

Also: *Wir kennen verschiedene Satzzeichen,* ***z. B.*** *Punkt, Komma, Semikolon und Doppelpunkt.*

TRIMM-DICH-RUNDE 18 (Lösungen siehe Seite 112)

Ergänzen Sie in den folgenden Sätzen die fehlenden Satzzeichen:

Die 1. Bundesliga besteht aus folgenden Vereinen 1. FC Kaiserslautern Bayern München Werder Bremen Eintracht Frankfurt Hamburger SV VfB Stuttgart 1. FC Köln Bayer Leverkusen Borussia Mönchengladbach Borussia Dortmund Wattenscheid 09 Fortuna Düsseldorf Karlsruher SC VfL Bochum 1. FC Nürnberg FC St. Pauli Bayer Uerdingen Hertha BSC Berlin.

Die deutsche Sprache kennt drei Hauptwortarten nämlich Substantive Verben und Adjektive.

Der Doppelpunkt vor Satzstücken und Einzelwörtern

Sehen wir uns einmal folgende Beispiele an:

Ende: 10 Uhr
Soll: 7,50 EUR
Autor: Ludwig Thoma
Zeichensetzung: mangelhaft

R42 Der **Doppelpunkt** wird vor **Satzstücken** und **Einzelwörtern** gesetzt, wenn diese **angekündigt** werden.

Den Doppelpunkt findet man häufig in amtlichen oder anderen standardisierten Formularen. Auch wenn sich manch einer daran stört, darf man nicht die gestaltende Kraft dieses Satzzeichens vergessen. Denken Sie nur mal an Ihre Bewerbungen. Was wäre ein tabellarischer Lebenslauf ohne den Doppelpunkt ...?

TRIMM-DICH-RUNDE 19 (Lösungen siehe Seite 112 f.)

Fertigen Sie einen persönlichen Lebenslauf für sich an. Verwenden Sie je nach Altersgruppe folgende Punkte:

a) Familienname – Vorname – Geburtsdatum – Geburtsort – Anschrift – Eltern – Schulbesuch – Schulabschluss – Praktika – Hobbys [Schulabgänger]

b) Familienname – Vorname – Geburtsdatum – Geburtsort – Familienstand – Anschrift – Schulbildung – Berufserfahrung [andere]

Der Doppelpunkt vor Zusammenfassungen und Folgerungen

Will man das Gesagte zusammenfassen oder eine Folgerung daraus ziehen, hilft der Doppelpunkt.

Beispiele:

Wir fassen zusammen: Der Doppelpunkt kündigt Zusammenfassungen und Folgerungen an.
Wie schon gesagt: Doppelt genäht hält besser.

Wir merken uns daher als Regel:

R43 Der **Doppelpunkt** wird vor **Zusammenfassungen** und **Folgerungen** gesetzt.

TRIMM-DICH-RUNDE 20 (Lösungen siehe Seite 113)

Setzen Sie die Doppelpunkte ein:

Es wurde beschlossen Das Haus wird abgerissen.
Hieraus ergibt sich Das Licht hat seinen Ursprung im atomaren Bereich.

Das Wichtigste auf einen Blick

Der Doppelpunkt …

… steht	… steht nicht
vor der **direkten Rede**	
vor **Zitaten**	
vor **Aufzählungen**	vor **Aufzählungen**, die durch – *nämlich,* – *das heißt (d. h.),* – *das ist (d. i.),* – *zum Beispiel (z. B.)* eingeleitet werden
vor **Satzstücken** und **Einzelwörtern**	
vor **Zusammenfassungen** und **Folgerungen**	

Das Fragezeichen – wenn man eine Antwort sucht

Wann brauchen wir ein Fragezeichen?

Wir brauchen ein Fragezeichen, wenn wir einen Satz oder ein Wort als Frage kennzeichnen wollen. In der Regel erwarten wir uns eine mehr oder weniger aufschlussreiche Antwort. In manchen Fällen handelt es sich auch um Scheinfragen, wo wir die Antwort bereits in der Frage vorwegnehmen. Solche Kniffe in der Gesprächsführung findet man häufig bei professionellen Rednern oder Politikern.

Das Fragezeichen nach Fragesätzen

Lassen Sie uns die Regel an den Anfang stellen:

R44 Das **Fragezeichen** wird nach einer **Frage** gesetzt.

Beispiele:

Was machen wir heute Abend?
Gehst du mit mir ins Kino?
Oder hast du etwas anderes vor?
Möchtest du anschließend noch essen gehen?
Weißt du schon, was du willst?

Diese Regel gilt natürlich auch für alle Überschriften und Titel von Texten, Büchern, Zeitungen und Zeitschriften.

Zwei Beispiele zur Verdeutlichung:
Wann brauchen wir ein Fragezeichen? (Überschrift)
Wie schreibt man gutes Deutsch? (Buchtitel)

VORSICHT: FALLE! VORSICHT: FALLE!

Nach Fragen in der direkten Rede steht ein Fragezeichen.
Nach Fragen in der indirekten Rede steht ein Punkt.

Beispiel:

direkte Rede:
Er fragte: »Wann soll ich fahren?«
indirekte Rede:
Er fragte, wann er fahren solle.

TRIMM-DICH-RUNDE 21 (Lösungen siehe Seite 113)

Schlagen Sie zwei Fliegen mit einer Klappe:
Formen Sie die folgenden Sätze in die indirekte Rede um.
Achten Sie auf den Satzschlusspunkt.
Andrea fragt: »Fährst du mich nach Hause?«
Alexander fragte: »Wann wirst du den Führerschein machen?«
Martin fragte: »Hast du keinen Hunger?«
Herbert fragt: »Wie lange ist das Museum geöffnet?«

Das Fragezeichen nach Fragewörtern

Können Sie sich noch an die vier Fälle erinnern (siehe Seite 23)? Jeder dieser Fälle kann durch eine Frage bestimmt werden.

Die Zusammenhänge zeigen diese Beispiele:
Auf die Fragen »Wer?« und »Was?« steht der Nominativ.
Auf die Frage »Wessen?« steht der Genitiv.
Auf die Frage »Wem?« steht der Dativ.
Auf die Fragen »Wen?« und »Was?« steht der Akkusativ.

Diese Fragewörter können auch allein stehen:
Wer? Wessen? Wem? Wen?

R45 Das **Fragezeichen** wird nach alleinstehenden oder innerhalb eines Satzes aufgeführten **Fragewörtern** gesetzt.

TRIMM-DICH-RUNDE 22 (Lösungen siehe Seite 113)

Formulieren Sie eine Regel für den folgenden Mustersatz:
Was, du willst schon abreisen?

R46

Das eingeklammerte Fragezeichen

Ja, Sie haben schon richtig gelesen. Manchmal wird das Fragezeichen in Klammern gesetzt. Vielleicht kennen Sie das schon lange, wenn nicht – na, dann aufgepasst.

Beispiele:

Dieses schöne (?) Buch werde ich verschenken.

Friedrich I., der Streitbare, geb. Altenburg/Thüringen (?) 11. April 1370, gest. ebd. 4. Jan. 1428.
(aus einem Lexikon)

R47 Das **eingeklammerte Fragezeichen** wird nach **unglaubwürdigen** oder **unbewiesenen Aussagen** gesetzt.

Das Wichtigste auf einen Blick

Das Fragezeichen ...

... steht

nach **Fragesätzen**

nach **Fragewörtern**

eingeklammert nach **unglaubwürdigen** und **unbewiesenen** Aussagen

Vielleicht noch ein Hinweis: Fragezeichen sorgen zwar für Lebendigkeit, doch auch hier ist Zurückhaltung geboten: Lieber eines zu wenig als zwei zu viel. Mehrere Fragezeichen nach einem Satz verstärken die Wirkung auch nicht.

Beispiel:

Sind noch Fragen offen???

besser:

Sind noch Fragen offen?

Das Ausrufezeichen – die besondere Betonung

Wann brauchen wir ein Ausrufezeichen?

Die Antwort können Sie sich leicht selbst geben, wenn Sie einmal beim Sprechen eines Satzes oder eines Wortes mit Ausrufezeichen auf Ihre Betonung achten: Sie ist besonders stark und lebhaft. Und das Ergebnis: Sie heben etwas hervor, kennzeichnen es. Mit einem Ausrufezeichen fordert man eine besondere Aufmerksamkeit des Lesers und setzt eine spezielle Kennzeichnung innerhalb eines Textes.

Das Ausrufezeichen nach Sätzen

Nach Sätzen oder Satzstücken, die einer gefühlsmäßigen Bewegung oder Erregung Hervorhebung und Betonung verschaffen sollen, steht das Ausrufezeichen.

Beispiele:

Viel Glück!
Fahr doch nicht so schnell!
Super!
Alles Gute!
Komm jetzt endlich!
Lesen Sie weiter!

Und wieder: Diese Regel gilt auch für Überschriften und Titel.

R48 Das **Ausrufezeichen** wird nach **Ausrufen**, **Aufforderungen**, **Wünschen**, **Bitten**, **Warnungen** und **Befehlen** gesetzt.

VORSICHT: FALLE! VORSICHT: FALLE!

a) Nach Ausrufen in der direkten Rede wird ein Ausrufezeichen gesetzt.
Nach Ausrufen in der indirekten Rede wird ein Punkt gesetzt.

Beispiel:

direkte Rede:
Sie rief Peter zu: »Du Pflaume!«

indirekte Rede:
Sie rief Peter zu, dass er eine Pflaume sei.

Nun, können Sie die Parallelen zum Fragezeichen sehen?

!

b) Nach einer Aufforderung wird ein Punkt gesetzt, wenn diese ohne Nachdruck gesprochen wird.

Beispiele:

Schildern Sie uns den Vorfall.
Ergänzen Sie die fehlenden Kommas.
Erörtern Sie den nachstehenden Text.
Vervollständigen Sie die Aufgaben.
Vergleiche Seite 15.
Siehe Abschnitt 4.

Tipp:
Man könnte in diesen Fällen das Wörtchen *bitte* einsetzen:
Schildern Sie uns ***bitte*** *den Vorfall.*
usw.

TRIMM-DICH-RUNDE 23 (Lösungen siehe Seite 114)

Entscheiden Sie, ob ein Punkt oder ein Ausrufezeichen zu setzen ist:

Folgt mir
Glatteis
Setzen Sie die Wörter ein
Pass jetzt auf
Otto rief, dass er kein Benzin mehr habe
Sei still
Suche weitere Begriffe
Gib her
Iss

Das Ausrufezeichen nach Empfindungswörtern

Sie werden es nicht glauben: Die Lautsprache folgt ganz bestimmten Regeln der Rechtschreibung. Dazu gehören auch die Empfindungswörter – oder sprachwissenschaftlich benannt: die Interjektionen.

Beispiele:

Ah! Oh! Pfui! Bäh! Buh! Pst! Brr! Au!

R49 Nach **Empfindungswörtern** wird ein **Ausrufezeichen** gesetzt.

TRIMM-DICH-RUNDE 24 (Lösungen siehe Seite 114)

Gefragt sind Kreativität und Witz!
Schreiben Sie tierische Laute auf, und ahmen Sie diese nach. Wer jetzt noch behauptet, dass die Zeichensetzung langweilig ist, hat noch nicht laut genug gebrüllt!

Das eingeklammerte Ausrufezeichen

Auch das Ausrufezeichen kann in Klammern stehen. Doch was soll es bewirken?

R50 Das **eingeklammerte Ausrufezeichen** wird nach Aussagen gesetzt, die **Zweifel** oder **Verwunderung** entstehen lassen.

Beispiele:

Es gibt etwa 200 (!) Regeln zur Zeichensetzung.
Es gibt zwei eingeklammerte (!) Satzzeichen.

Das Ausrufezeichen in Briefen

Beispiele:

Sehr geehrte Damen und Herren!
Haben Sie vielen Dank …

Lieber Jürgen!
Für Deinen Brief …

R51 Das **Ausrufezeichen** kann nach der **Briefanrede** stehen.

Dieser Gebrauch ist heute eher unüblich – man findet solche Anreden noch in Verwaltungsbriefen oder wenn der Schreibende die Anrede besonders hervorheben will. Eingebürgert hat sich der Gebrauch des Kommas (siehe Seite 37 f.).

VORSICHT: FALLE! VORSICHT: FALLE!

Auch wenn die Briefanrede mit Ausrufezeichen stehen kann – nach der Grußformel wird kein Ausrufezeichen gesetzt.

Beispiele:

Mit freundlichen Grüßen
Mit freundlichem Gruß

Das Wichtigste auf einen Blick

TRIMM-DICH-RUNDE 25 (Lösungen siehe Seite 114)

Das Ausrufezeichen ...
... steht

Selbst ist der Mann/die Frau:

Fertigen Sie bitte eine Zusammenfassung für das Ausrufezeichen an.

Sie ahnen längst, dass auch beim Ausrufezeichen Sparsamkeit oberstes Gebot ist. Je mehr Ausrufezeichen Sie setzen, desto stärker schwächen Sie die Wirkung des Gesagten ab. Also, Sie wollen doch für voll genommen werden ...

Die Anführungszeichen – zum Zitieren und Hervorheben

Wann brauchen wir Anführungszeichen?

Anführungszeichen verwenden wir zur Kennzeichnung und Hervorhebung von Sätzen, Satzstücken und Wörtern. Sie können verschieden dargestellt werden. Die am weitesten verbreiteten Formen sind „…" und »…«. In jedem Fall werden zwei Anführungszeichen gesetzt, und zwar am Anfang und am Ende des Wortes, Satzstückes oder Satzes. Auch längere Sätze erhalten in der Regel nicht mehr als zwei Anführungszeichen – es sei denn, sie werden durch Ergänzungen des Schreibenden unterbrochen (erzählende oder beschreibende Einschübe in die direkte Rede bei Romanen; Anmerkungen des Verfassers, die nicht in Klammern stehen).

Anführungszeichen bei der direkten Rede

Hier gibt es einige Besonderheiten. Lassen Sie uns daher gleich mit den Beispielen beginnen:

Sie sprach: »Gehen wir heute Abend aus?«
»Das weiß ich noch nicht«, sagte er.
»Für den Abend«, erwiderte sie, »habe ich mir etwas Besonderes ausgedacht.«

R52 Anführungszeichen werden bei der **direkten Rede** gesetzt.

Ist Ihnen beim zweiten und dritten Beispielsatz etwas aufgefallen? Nein? Dann müssen Sie die folgende Darstellung mit besonderer Aufmerksamkeit lesen.

VORSICHT: FALLE! VORSICHT: FALLE!

Prägen Sie sich diese Muster sehr gut ein:

a) Der Begleitsatz steht vor der direkten Rede

Er sagt : *»Ich muss zur Arbeit* .«
Begleitsatz : »Redesatz (Aussage) .«
Die Anführungszeichen schließen den gesamten Aussagesatz ein.

Er fragt : *»Willst du mitgehen* ?«
Begleitsatz : »Redesatz (Frage) ?«
Die Anführungszeichen schließen den gesamten Fragesatz ein.

Er ruft : *»Nimm doch die Tasche* !«
Begleitsatz : »Redesatz (Ausruf) !«
Die Anführungszeichen schließen den gesamten Ausrufesatz ein.

In allen Fällen blieben die zum Satz gehörenden Satzzeichen erhalten.

b) Der Begleitsatz steht nach der direkten Rede

»Ich muss zur Arbeit «, sagt er .
»Redesatz (Aussage) «, Begleitsatz .
Der Punkt des Aussagesatzes entfällt, stattdessen steht ein Komma nach dem schließenden Anführungszeichen.

»Willst du mitgehen ?«, fragt er .
»Redesatz (Frage) ?«, Begleitsatz .
Das Fragezeichen des Redesatzes bleibt erhalten – es folgt in neuer Rechtschreibung ein Komma nach dem schließenden Anführungszeichen.

»Nimm doch die Tasche !«, ruft er .
»Redesatz (Ausruf) !«, Begleitsatz .
Das Ausrufezeichen des Redesatzes bleibt erhalten – es folgt in neuer Rechtschreibung ein Komma nach dem schließenden Anführungszeichen.

c) Der Begleitsatz steht als Einschub innerhalb des unterbrochenen Redesatzes

»Am Nachmittag «, sagt er , »hole ich dich ab .«
»Redesatz «, Begleitsatz , »Redesatz .«
Die Anführungszeichen stehen am Anfang und am Ende der dazugehörigen Teile des unterbrochenen Redesatzes, der Einschub wird durch Komma davor und dahinter kenntlich gemacht, am Ende des Redesatzes steht das erforderliche Satzzeichen (Punkt, Frage- oder Ausrufezeichen).

TRIMM-DICH-RUNDE 26 (Lösungen siehe Seite 115)

Erstellen Sie für die folgenden Sätze drei Schemata nach dem vorstehenden Muster:

Sie fragte: »Hast du Zeit?«
»Heute nicht«, erwiderte er.
»Um 12:00 Uhr«, versprach Markus, »lerne ich.«

Anführungszeichen bei Zitaten

Übertragen Sie bitte die Regeln zur Verwendung der Anführungszeichen bei der direkten Rede auf das Zitieren. Es gibt keine Unterschiede – merken Sie sich also nur:

R53 Anführungszeichen werden bei **Zitaten** gesetzt.

Beispiel:

*»**Anführungszeichen werden**«, so heißt es in diesem Buch, »**bei Zitaten gesetzt.**«*

Anführungszeichen heben Wörter hervor

In allen Fällen, in denen Sie ein Wort, einen Ausspruch, einen Titel u. a. hervorheben oder deutlich machen wollen, setzen Sie Anführungszeichen. Auch wenn das Wort oder der Ausspruch in einem ungewöhnlichen Zusammenhang verwendet wird (ironisch, eigentlich aus einem anderen Bereich stammend), können Sie das mit Anführungszeichen kenntlich machen.

Beispiele:

Das Wort ***»Liechtenstein«*** *wird mit ie geschrieben.*
Die ***»Süddeutsche Zeitung«*** *ist eine Tageszeitung.*
Das Wort ***»behände«*** *kommt von* ***»Hand«****.*
Besonders ***»toll«*** *war sein Sprung in die Wasserpfütze.*
Die gegnerischen Parteien einigten sich nach ihren Mietstreitigkeiten auf ein ***»Unentschieden«****.*

R54 Anführungszeichen heben Wörter hervor.

Wird die Hervorhebung jedoch durch eine andere Schriftgestaltung (GROSSBUCHSTABEN, *kursiv*, <u>unterstrichen</u>, **fett**) geleistet, sind Anführungszeichen überflüssig.

Beispiel:

Die SÜDDEUTSCHE ZEITUNG ist eine Tageszeitung.

R55 Anführungszeichen werden **nicht** gesetzt, wenn die **Hervorhebung bereits in anderer Form** stattfindet.

Halbe Anführungszeichen

Beispiele:

Vater fragte: »Holst du mir die ›Süddeutsche Zeitung‹?«
Der Lehrer sagte: »Lernt den ›Faust‹ von Goethe auswendig.«

R56 Halbe Anführungszeichen werden gesetzt, wenn in einem mit **Anführungszeichen versehenen Satzstück oder Satz eine direkte Rede, ein Titel, ein Zitat** oder **eine andere Hervorhebung** kenntlich gemacht werden soll.

Das Wichtigste auf einen Blick

Anführungszeichen …

… stehen

bei der **direkten Rede**

bei **Zitaten**

bei **Hervorhebungen**

Tipp:

Anführungszeichen sollen nur dort verwendet werden, wo sie zwingend notwendig sind, also bei direkter Rede, bei Zitaten und anderen erforderlichen Hervorhebungen. Man kann es auch so formulieren: Sie können darauf verzichten, wenn das Lesen des Textes nicht beeinträchtigt wird.

Der Gedankenstrich – die Pause zum Nachdenken

Wann brauchen wir einen Gedankenstrich?

Der Gedankenstrich lässt sich vieles gefallen. Er wird mal da und mal dort gesetzt. Setzen Sie ihn auch auf gut Glück? Das wäre nicht so gut, schließlich hat er eine feste Bestimmung. Er wird zwar nicht so häufig wie das Komma verwendet, dennoch, gebraucht man ihn, muss er an der richtigen Stelle stehen.
Mit dem Gedankenstrich werden Pausen zwischen Wörter, Satzstücke und Sätze gesetzt. Er kann einen Themenwechsel anzeigen, einen Einschub kennzeichnen, gestalterische Aufgaben übernehmen und den Abbruch einer Rede deutlich machen.

Der Gedankenstrich zwischen Sätzen und Einzelwörtern

Der Gedankenstrich kennzeichnet einen Wechsel

Beginnen wir mit der ersten Aufgabe des Gedankenstrichs: Sie können ihn zur Kennzeichnung eines Wechsels setzen. Hierbei gibt es zwei Arten:
- den Gedankenwechsel und
- den Sprecherwechsel.

Oftmals ersetzt er dabei den Absatz.

Beispiele:

Wir können Ihnen leider nicht helfen. – Das Haus muss abgerissen werden.
»Essen!« – »Ich komme!«

Sie merken sich:

R57 Der **Gedankenstrich** wird bei einem **Gedanken- und Sprecherwechsel** gesetzt.

TRIMM-DICH-RUNDE 27 (Lösungen siehe Seite 115)

Setzen Sie in den folgenden Text die Satzzeichen ein. Achten Sie auch auf die Groß- und Kleinschreibung.

Scherben bringen Glück

Wir besaßen einmal einen alten wertvollen Krug aus der Zeit des Dreißigjährigen Krieges schön war er nicht aber alt und deshalb wertvoll er war außergewöhnlich dickwandig und schwer und wurde mit großer Sorgfalt behandelt eines Tages ging ich an dem wertvollen Stück vorbei streifte den Krug mit dem Ellbogen er fiel und zerbrach fassungslos vor Schreck lief ich zu meinem Vater der Krug der Krug was ist mit dem Krug fuhr mein Vater ärgerlich auf er ist er ist zerbrochen ein zorniger Ausruf und dann standen wir gemeinsam vor den Scherben plötzlich als ich die Bruchstücke näher ansah stockte mir der Atem Vati da glänzt etwas tatsächlich das sieht wie der Rand einer Goldmünze aus murmelte mein Vater und da auch und da noch mal hole mal schnell einen Hammer mein Vater zerschlug die Scherben des Kruges und untersuchte die erste freigelegte Münze da ist eine Jahreszahl eingeschlagen von welchem Jahr ist die Münze 1632 was hämmert ihr denn in der Wohnung fragte da plötzlich meine Mutter von der Tür her um Gottes willen der Krug ist kaputt.[3]

Der Gedankenstrich kennzeichnet Stichwörter

Kommen wir zur nächsten Aufgabe des Gedankenstrichs: Er dient als Kennzeichen bei Inhaltsangaben, in denen die behandelten Themen stichwortartig aufgeführt werden.

Beispiel:

Wortarten: Substantiv – Verb – Adjektiv – Artikel – Pronomen – Adverb – Konjunktion – Zahladjektiv – Interjektion

R58 Der **Gedankenstrich** wird zur Kennzeichnung von **Stichwörtern** in Inhaltsangaben gesetzt.

TRIMM-DICH-RUNDE 28 (Lösungen siehe Seite 116)

Bilden Sie aus den folgenden Stichwörtern die Themen einer Inhaltsangabe:

Satzglieder Subjekt Prädikat Objekte Adverbialbestimmungen

Der Gedankenstrich innerhalb von Sätzen

Der Gedankenstrich findet innerhalb von Sätzen in folgenden vier Fällen Anwendung:
- bei Kommandos,
- bei etwas Unerwartetem,
- bei Gegenüberstellungen und
- beim Abbruch der Rede.

Das klingt etwas theoretisch. Die folgenden Beispiele liefern die Beweise aus der Praxis:

Auf die Plätze – fertig – los!
Plötzlich – ein sich bewegender Vorhang!
Mach die Tür zu – ich kann dich nicht arbeiten sehen.
jung – alt; schön – hässlich

R59 Der **Gedankenstrich** wird bei **Kommandos**, bei **etwas Unerwartetem**, bei **Gegenüberstellungen** und beim **Abbruch der Rede** gesetzt.

TRIMM-DICH-RUNDE 29 (Lösungen siehe Seite 116)

Wo müssen Gedankenstriche stehen?

Plötzlich ein Herzinfarkt!
groß klein
Das ist doch zum!
dick dünn
Er ist ein gemeiner.
Du!
Videos Vor- und Nachteile

Der Gedankenstrich bei Einschüben

Wenn Sie innerhalb eines Satzes noch etwas hinzufügen wollen, das eigentlich nicht zur Hauptaussage gehört, z. B. eine Erläuterung, einen Kommentar oder eine persönliche Meinung, bietet sich der Einschub mit Gedankenstrichen an.

R60 Der **Gedankenstrich** wird **vor und nach Einschüben** gesetzt, die das Gesagte näher erläutern.

Wie aber verfahren, wenn der Gedankenstrich auf andere Satzzeichen trifft? Ganz einfach: Andere Satzzeichen müssen gesetzt werden, wenn sie auch ohne Gedankenstrich erforderlich sind. Sie stehen an den ihnen zugedachten Stellen. Also Ausrufezeichen und Fragezeichen direkt nach dem letzten Wort des eingeschobenen Satzstückes oder Satzes, und Komma sowie Semikolon am Ende des Einschubs nach dem Gedankenstrich. Ein Punkt wird innerhalb von Einschüben nicht gesetzt – er steht jedoch bei nachgestellten Ergänzungen anstelle des letzten Gedankenstrichs.

R61 Für die **Zeichensetzung innerhalb und außerhalb der Gedankenstriche** gelten die **bekannten Regeln**.

Ich glaube – und hier bin ich nicht der alleinigen Ansicht –, dass die Zeichensetzung zu einem Großteil erlernbar ist.

Er wollte dies nicht – und das mit Recht –; schließlich war er ja nicht lebensmüde.

Die Ausführungen zum Gedankenstrich sind hiermit abgeschlossen – abgesehen von einer Zusammenfassung.

Das Wichtigste auf einen Blick

Der Gedankenstrich …

… steht

beim **Gedanken- und Sprecherwechsel**

zur Kennzeichnung von **Stichwörtern** in Inhaltsangaben

bei **Kommandos**, bei **etwas Unerwartetem**, bei **Gegenüberstellungen** und beim **Abbruch der Rede**

vor und nach Einschüben, die das Gesagte näher erläutern

Die Klammern – zur Ergänzung und Erläuterung

Wann brauchen wir Klammern?

Auch wenn diese Satzzeichen nichts mit Heftklammern gemeinsam haben, können wir den Vergleich sehr gut gebrauchen: Unsere Klammern haben nämlich die Eigenschaft, Erläuterungen an Wörter, Satzstücke oder Sätze anzuheften. Man kann mit ihnen auch Schaltsätze innerhalb von Sätzen verankern und Gliederungen vornehmen.
Die Klammern gibt es in zwei Formen: rund und eckig. Sie tauchen – wie die Gedankenstriche – paarweise auf.

Runde Klammern

Erläuterungen in Klammern

Beispiele:

*Die Interpunktion **(Zeichensetzung)** kannte man bereits in der Antike.*
*Die Parenthesen **(Klammern)** gibt es in runder und eckiger Form.*
*Die Grammatik **(Sprachlehre)** beschreibt den Aufbau und die Formen der Sprache.*
*Konrad Duden **(1829–1911)** ist der »Vater der deutschen Einheitsrechtschreibung«.*

R62 Erläuterungen zu Wörtern oder Sätzen werden in **runde Klammern** gesetzt.

Schaltsätze in Klammern

Wie Sie bei der Kommasetzung (siehe Seite 39 ff.) und dem Gedankenstrich (siehe Seite 89) erfahren haben, kann man längere Ergänzungen als Schaltsätze problemlos in den Satz einfügen. Ist die Ergänzung nur sachlich erläuternd und wird sie ohne Nachdruck gesprochen, empfiehlt sich der Gebrauch von Klammern. In allen anderen Fällen ist das Komma oder der Gedankenstrich besser.

Beispiele:

*Der »Duden« **(er liegt jetzt in der 24., völlig neu bearbeiteten und erweiterten Auflage vor)** ist der Deutschen liebstes Wörterbuch.*
*Regensburg **(eine Stadt an der Mündung des Regens in die Donau)** ist der Verwaltungssitz des Regierungsbezirkes Oberpfalz.*

R63 Schaltsätze, die ohne Nachdruck gesprochen werden, werden in **runde Klammern** gesetzt.

TRIMM-DICH-RUNDE 30 (Lösungen siehe Seite 116)

Setzen Sie in den folgenden Sätzen die fehlenden Klammern ein:

Das Subjekt der Satzgegenstand steht immer im Nominativ 1. Fall.

Den Heinrich-Böll-Preis gestiftet von der Stadt Köln erhielt Marcel Beyer.

Der Nobelpreis für Chemie eine seit 1901 jährlich verliehene Auszeichnung ging 2003 u. a. an den Schweizer Kurt Wüthrich.

Eckige Klammern

Diese Klammern sind als Kennzeichnung einer Erläuterung zu einer bereits in runden Klammern stehenden Erklärung notwendig. Sie werden auch verwendet für Anmerkungen des Verfassers innerhalb von Zitaten und zur Kenntlichmachung der Möglichkeit, dass Buchstaben, Wörter, Satzteile oder Sätze weggelassen werden können.

Beispiele:

Die UNO (United Nations Organization ***[Organisation der Vereinten Nationen]****) wurde 1945 gegründet.*
»Vorläufer ***[der Menschenrechte]*** *waren die Freiheitsgarantien des frühen englischen Rechts ...«*
*Verwechs****[e]****lung, Wissbegier****[de]***

TRIMM-DICH-RUNDE 31 (Lösungen siehe Seite 117)

Erstellen Sie zu den vorstehenden Beispielen drei Regeln zur Zeichensetzung:

R64

R65

R66

Das Wichtigste auf einen Blick

Klammern …

… stehen in runder Form

- bei **Erläuterungen** zu Wörtern oder Sätzen
- bei **Schaltsätzen**, die ohne Nachdruck gesprochen werden

… stehen in eckiger Form

- bei **Wörtern** und **Sätzen**, die **bereits** in **runde Klammern** gesetzt sind
- bei **Anmerkungen**, die der Schreibende selbst zum fortlaufenden Text macht
- bei **Buchstaben o. Ä.**, die **ausgelassen** werden können

Zusammenfassung: Zeichensetzung – kurz und bündig

Wo wird ein Punkt gesetzt?

- am Ende eines **Aussagesatzes (Erzählsatzes)**:
  Ich esse keinen Spinat.
  Ich schlafe am besten nach dem Essen.
- nach einem **Satzstück**:
  *Kennst du ihn? **Ja.***
  *Wie war's in der Schule? **Na ja.***
- nach **Abkürzungen**, die im **vollen Wortlaut** ausgesprochen werden:
  Abb. = Abbildung
  ca. = circa
- nach **Ordnungszahlen (Ordinalzahlen)**:
  *Friedrich **II.***
  ***3.** Stock*

Wo wird ein Komma gesetzt?

- bei **Aufzählungen**:
  Benjamin kauft sich CDs von Michael Jackson, Madonna, ABBA.
  Sie hat T-Shirts in Rot, Blau, Weiß, Grün.
- nach der **Briefanrede**:
  Sehr geehrte Damen und Herren, ...
  Lieber Jürgen, ...
- bei der **Datumsangabe**:
  Hamburg, 4. Juli 2008
- bei **Beisätzen (Appositionen)**:
  *Albert Einstein, **ein deutscher Physiker**, starb im Jahre 1955.*
  *Bayern, **das größte Bundesland**, besteht aus sieben Regierungsbezirken.*
- bei **Satzeinschüben**:
  *Mein Vater, **der Direktor**, spielt gerne Golf.*

  *Die Sendung wird bald eintreffen, **und zwar** übermorgen.*
- **zwischen Satzteilen**, die durch **Konjunktionen (Bindewörter)** verbunden sind:
  *Sie möchte zwar fit bleiben, **aber** nicht den Sportunterricht aufsuchen.*
  *Max möchte in den Tierpark, **andernfalls** schreit er.*
- in bestimmten Fällen bei **Infinitiv- und Partizipgruppen**:
  *Sie konnte nichts Besseres tun, **als** ab**zu**reisen.*

Genau so, *mit viel Schinken belegt, hat sie die Pizza am liebsten.*

- **zwischen Hauptsätzen:**
  Er kommt, sie geht.
  Mutter spült, Vater trocknet ab.
- **zwischen Haupt- und Nebensatz:**
  Er dachte, dass das Buch ein schönes Geschenk sei.
  Dass das Buch ein schönes Geschenk sei, dachte er.
- **zwischen Nebensätzen:**
  Ich glaube, dass er die Arbeit erledigt, die er bekommen hat.
  Ich hoffe, dass ich die Zeichensetzung nun beherrsche, nachdem ich sie durchgearbeitet habe.

Wo wird ein Semikolon gesetzt?

- bei **längeren Aufzählungen**:
  Die Physik beschäftigt sich u. a. mit Arbeit, Leistung, Energie; Schwingungen, Wellen; Lichtquellen, Lichtstärken, Lichtgeschwindigkeiten.
  Im Wald gibt es Hirsche, Rehe, Hasen und Füchse; Eidechsen, Schlangen, Blindschleichen; Ameisen, Käfer, Schmetterlinge und Fliegen.
- zwischen längeren Sätzen, die inhaltlich **eng zusammengehören**:
  Das Semikolon ersetzt den Punkt, wenn dieser zu stark trennt; es ersetzt das Komma, wenn dieses zu schwach trennt.

Bei der Rechtschreibung hatten wir uns vor der Reform streng nach dem »Duden« zu richten; andere Schreibweisen galten als nicht korrekt.

- zwischen Sätzen, von denen der letzte durch eine **Konjunktion** (ein **Bindewort**) eingeleitet wurde:
  Der Fall ist erledigt; ***darum*** *wollen wir uns nicht mehr mit ihm beschäftigen.*
  Er hatte gut gelernt; ***deshalb*** *erreichte er eine gute Note.*

Wo wird ein Doppelpunkt gesetzt?

- vor der **direkten (wörtlichen) Rede**:
  Er fragte: »Wird das Wort großgeschrieben?«
  Sie sagte: »Ja.«
- vor wörtlich wiedergegebenen **Zitaten**:
  J. F. Kennedy sagte: »Ich bin ein Berliner.«
- vor **Aufzählungen**, wenn diese **angekündigt** werden:
  In der Mathematik gibt es fünf Brucharten: den echten, unechten, uneigentlichen, gleichnamigen und ungleichnamigen Bruch.
  Die Bundesrepublik Deutschland besteht aus folgenden Bundesländern: Baden-Württemberg, Bayern, Berlin, Brandenburg, Bremen, Hamburg, Hessen, Mecklenburg-Vorpommern, Niedersachsen, Nordrhein-Westfalen, Rheinland-Pfalz, Saarland, Sachsen, Sachsen-Anhalt, Schleswig-Holstein und Thüringen.

- vor **Satzstücken** und **Einzelwörtern**, wenn diese **angekündigt** werden:
  Ende: 10 Uhr
  Soll: 7,50 EUR
- bei **Zusammenfassungen** und **Folgerungen**:
  Wir fassen zusammen: Der Doppelpunkt kündigt Zusammenfassungen und Folgerungen an.
  Wie schon gesagt: Doppelt genäht hält besser.

Wo wird ein Fragezeichen gesetzt?

- nach einer **Frage**:
  Was machen wir heute Abend?
  Gehst du mit mir ins Kino?
- nach alleinstehenden oder innerhalb eines Satzes aufgeführten **Fragewörtern**:
  Wer? Wessen? Wem? Wen?
  Auf die Frage »Wessen?« steht der Genitiv.

Wo wird ein Ausrufezeichen gesetzt?

- nach **Ausrufen**, **Aufforderungen**, **Wünschen**, **Bitten**, **Warnungen** und **Befehlen**:
  Viel Glück!
  Fahr doch nicht so schnell!

- nach **Empfindungswörtern (Interjektionen)**:
  Ah! Oh! Pfui! Bäh! Buh! Pst! Brr! Au!
- nach der **Briefanrede**:
  Sehr geehrte Damen und Herren! …
  Lieber Jürgen! …

Wo werden Anführungszeichen gesetzt?

- bei der **direkten (wörtlichen) Rede**:
  Sie sprach: »Gehen wir heute Abend aus?«
  »Das weiß ich noch nicht«, sagte er.
  »Willst du mitgehen?«, fragte er.
- bei Zitaten:
  »Anführungszeichen«**, so heißt es in diesem Buch, **»werden bei Zitaten gesetzt.«
- bei **Wörtern**, die **hervorgehoben** werden sollen:
  *Das Wort **»Liechtenstein«** wird mit ie geschrieben.*
  *Die **»Süddeutsche Zeitung«** ist eine Tageszeitung.*

Wo wird ein Gedankenstrich gesetzt?

- beim **Gedanken- und Sprecherwechsel**:
  Wir können Ihnen leider nicht helfen. – Das Haus muss abgerissen werden.
  »Essen!« – »Ich komme!«
- bei **Stichwörtern**:
  Wortarten: Substantiv – Verb – Adjektiv – Artikel – Pronomen – Adverb – Konjunktion – Zahladjektiv – Interjektion
- bei **Kommandos**, bei **etwas Unerwartetem**, bei **Gegenüberstellungen** und beim **Abbruch der Rede**:
  Auf die Plätze – fertig – los!
  Plötzlich – ein sich bewegender Vorhang!
- **vor und nach Einschüben**, die das Gesagte näher erläutern:
  Ich glaube – und hier bin ich nicht der alleinigen Ansicht –, dass das wirtschaftliche System reformbedürftig ist.

Wo werden runde Klammern gesetzt?

- bei **Erläuterungen** zu Wörtern und Sätzen:
  *Die Interpunktion **(Zeichensetzung)** kannte man bereits in der Antike.*
  *Die Parenthesen **(Klammern)** gibt es in runder und eckiger Form.*

- bei **Schaltsätzen**, die ohne Nachdruck gesprochen werden:
  *Der »Duden« **(er liegt jetzt in der 24., völlig neu bearbeiteten und erweiterten Auflage vor)** ist der Deutschen liebstes Wörterbuch.*

Wo werden eckige Klammern gesetzt?

- bei **Wörtern** und **Sätzen**, die bereits in **runde Klammern** gesetzt sind:
  *Die UNO (United Nations Organization **[Organisation der Vereinten Nationen]**) wurde 1945 gegründet.*
- bei **Anmerkungen**, die der Schreibende selbst zum fortlaufenden Text macht:
  *»Vorläufer **[der Menschenrechte]** waren die Freiheitsgarantien des frühen englischen Rechts …«*
- bei **Buchstaben o. Ä.**, die **ausgelassen** werden:
  *Verwechs**[e]**lung, Wissbegier**[de]***

Anhang

Lösungen zu den Trimm-dich-Runden

TRIMM-DICH-RUNDE 1

Ich saß mit meiner Mama und meiner Großmutter unter einem Olivenbaum und aß. Mein Bruder Unwetter hatte keinen Hunger. Er hatte sich ausgezogen und war in ein Wasserbecken gesprungen. Er schwamm ganz allein genüsslich darin herum. Ich durfte nicht schwimmen, für mich war es zu tief. Nach dem Essen legten wir uns in den Schatten eines alten Olivenbaumes und schliefen ein bisschen. Ich schlief ganz eng an meine Mama gekuschelt …

TRIMM-DICH-RUNDE 2

Firma *Mannheim, 17. April 2008* ○
Schnell & Langsam
Vor dem Wald 7
68309 Mannheim

Tortenheberfabrik
Flink & Co.
Herrn Flink
Im Wiesengrund 9 a
65199 Wiesbaden ○

Ihre Zahlungserinnerung vom 1. April 2008 ○

Sehr geehrter Herr Flink,

ich habe nicht gedacht, dass ich noch einmal auf einen Aprilscherz hereinfallen würde.

Stellen Sie sich vor: Ich habe den Betrag tatsächlich überwiesen. Ich bitte Sie höflich um Rücküberweisung auf das bekannte Konto.

Mit freundlichem Gruß ○

Firma
Schnell & Langsam

Egon Schnell ○

TRIMM-DICH-RUNDE 3

Inhalt
Vorwort
Sinn und Aufgaben der Satzzeichen
Kleine Geschichte der Satzzeichen
Der Punkt – ein überflüssiges Satzzeichen?
Wann brauchen wir einen Punkt?
Der Punkt als Schlusszeichen
Der Punkt nach Aussagesätzen
Der Punkt nach Satzstücken
Der Punkt nach frei stehenden Zeilen
Die Briefgestaltung
Überschriften, Zeitungs- und Buchtitel

TRIMM-DICH-RUNDE 4

1 Vorteile
1.1 Vorteile technischer Art
1.1.1 Kombination mit anderen Geräten
1.1.2 Möglichkeit der Aufzeichnung
1.2 Vorteile beruflicher Art
1.2.1 Einsatz in der Schule
1.2.2 Einsatz in der Fortbildung
1.3 Vorteile privater Art
1.3.1 Ersatz bei schlechtem Fernsehprogramm
1.3.2 Mehr Unterhaltung

2 Gefahren
2.1 Gefahren körperlicher Art
2.1.1 Sehschäden
2.1.2 Haltungsschäden
2.2 Gefahren sozialer Art
2.3.1 Vereinsamung des Menschen
2.3.2 Förderung der Kriminalität

I. Vorteile
  A. Vorteile technischer Art
    1. Kombination mit anderen Geräten
    2. Möglichkeit der Aufzeichnung
  B. Vorteile beruflicher Art
    1. Einsatz in der Schule
    2. Einsatz in der Fortbildung
  C. Vorteile privater Art
    1. Ersatz bei schlechtem Fernsehprogramm
    2. Mehr Unterhaltung

II. Gefahren
  A. Gefahren körperlicher Art
    1. Sehschäden
    2. Haltungsschäden
  B. Gefahren sozialer Art
    1. Vereinsamung des Menschen
    2. Förderung der Kriminalität

TRIMM-DICH-RUNDE 5

a) Abteilung = *Abt.*
Anmerkung = *Anm.*
ausschließlich = *ausschl.*
Bemerkung = *Bem.*
besonders = *bes.*
bitte wenden = *b. w.*
beziehungsweise = *bzw.*
dergleichen = *dergl.*
das heißt = *d. h.*
dieses Jahres = *d. J.*
evangelisch = *ev.*
Firma = *Fa.*
gegebenenfalls = *ggf.*
gezeichnet = *gez.*

b) lfd. = *laufend*
übl. = *üblich*
nb. = *neben*
z. H. = *zu Händen*
sog. = *sogenannt*
u. Ä. = *und Ähnliche[s]*
m. W. = *meines Wissens*
zgl. = *zugleich*
s. o. = *siehe oben*
zzt. = *zurzeit*
m. E. = *meines Erachtens*
z. B. = *zum Beispiel*
obgl. = *obgleich*
z. T. = *zum Teil*

TRIMM-DICH-RUNDE 6

Deutsche Industrie-Norm[en] = *DIN*
Technischer Überwachungs-Verein = *TÜV*
Arbeitsgemeinschaft der öffentlich-rechtlichen
Rundfunkanstalten der Bundesrepublik Deutschland = *ARD*
Personal Computer = *PC*
Grundgesetz = *GG*

TRIMM-DICH-RUNDE 7

R15 Wenn **Abkürzungs**- und **Schlusspunkt aufeinandertreffen**, wird **nur ein Punkt am Ende** gesetzt. Bei **Abkürzungen ohne Punkt** wird am Ende ein **Satzschlusspunkt** gesetzt.

TRIMM-DICH-RUNDE 8

Das Grundgesetz existiert nunmehr seit über vier Jahrzehnten. Am 3. Oktober 1990 ist es auch in den fünf neuen Bundesländern … in Kraft getreten. Wir können heute feststellen, dass sich das einstige Provisorium … als … Verfassung und Grundlage dieses Staates erwiesen hat.

TRIMM-DICH-RUNDE 9

Rolf liest am liebsten Bücher von Siegfried Lenz, Heinrich Mann, Christa Wolf ***und*** *Doris Lessing.*

Elmar hört am liebsten Musik von Udo Jürgens, Juliane Werding ***sowie*** *von den Schürzenjägern.*

Seine Schreibmaschine hat ein 14-Zeilen-Display, einen automatischen Papiereinzug ***und*** *eine DIN-Tastatur.*

*Meine Uhr hat **weder** eine Stoppfunktion **noch** einen Alarm.*

*Wir haben **sowohl** Zucker **als auch** Butter im Haus.*

TRIMM-DICH-RUNDE 10

*Sie sahen sich das **interessante chemische** Experiment an.*

*Sie ist ein **nettes, braves** Mädchen.*

*Er fährt ein **neues japanisches** Auto.*

*Das **schöne neuromanische** Schloss Neuschwanstein wurde für König Ludwig II. erbaut.*

*Das **schöne, große** Schloss Neuschwanstein wurde für König Ludwig II. erbaut.*

TRIMM-DICH-RUNDE 11

*Sie hatte viele Geschenke bekommen, **z. B.** ein neues Kleid, einen Videorekorder und einen CD-Player.*

*Wir erlernen gerade die Interpunktion, **d. h.** die Zeichensetzung.*

*Er besucht uns gerne, **besonders** sonntags.*

*Die neue Arbeitskraft, **ein fleißiger Mann**, arbeitet im Garten.*

TRIMM-DICH-RUNDE 12

*Er holt **sowohl** die Mutter **als auch** die Schwiegermutter ab.*
*Die Zeichensetzung ist wichtig, **jedoch** nicht immer einfach.*
*Heute kocht er, **ebenso** morgen.*

TRIMM-DICH-RUNDE 13

Sie ging in das Einkaufszentrum, um ein Geschenk ***zu*** *kaufen.*
*Er fasst den Gedanken, das Abitur nach****zu****holen.*
Andrea spielte, statt ***zu*** *lernen.*

TRIMM-DICH-RUNDE 14

Er dachte, dass das Buch ein schönes Geschenk sei.

HAUPTSATZ **NEBENSATZ**

Dass das Buch ein schönes Geschenk sei, dachte er.

NEBENSATZ **HAUPTSATZ**

Unser Auto, das Papas Stolz ist, muss in die Werkstatt.

HAUPTSATZ (1. TEIL) **NEBENSATZ** **HAUPTSATZ** (2. TEIL)

TRIMM-DICH-RUNDE 15

R35 Das **Komma** wird **zwischen Nebensätzen** gesetzt.

TRIMM-DICH-RUNDE 16

Von seinen Ersparnissen kaufte er sich Schuhe, Hemden, Hosen, Socken; einen Computer, CDs; einen DVD-Player, DVDs; Stühle, Tische und Fachbücher.

Wir haben bereits gelernt, dass der Punkt nach Aussagesätzen, Satzstücken; Buchstabenwörtern, Maß-, Münzeinheiten, Himmelsrichtungen und Ordnungs- oder Ordinalzahlen steht.

TRIMM-DICH-RUNDE 17

Bei der Rechtschreibung hatten wir uns vor der Reform streng nach dem »Duden« zu richten; andere Schreibweisen galten als nicht korrekt.

Bücher gibt es in verschiedenen Größen; sie haben in der Regel ein genormtes Format.

TRIMM-DICH-RUNDE 18

Die 1. Bundesliga besteht aus folgenden Vereinen: 1. FC Kaiserslautern, Bayern München, Werder Bremen, Eintracht Frankfurt, Hamburger SV, VfB Stuttgart, 1. FC Köln, Bayer Leverkusen, Borussia Mönchengladbach, Borussia Dortmund, Wattenscheid 09, Fortuna Düsseldorf, Karlsruher SC, VfL Bochum, 1. FC Nürnberg, FC St. Pauli, Bayer Uerdingen, Hertha BSC Berlin.

Die deutsche Sprache kennt drei Hauptwortarten, nämlich Substantive, Verben und Adjektive.

TRIMM-DICH-RUNDE 19

a) **Lebenslauf**

Familienname:	…
Vorname:	…
Geburtsdatum:	…
Geburtsort:	…
Anschrift:	…
Eltern:	…
Schulbesuch:	…
Schulabschluss:	…
Praktika:	…
Hobbys:	…

b) **Lebenslauf**

Familienname:	...
Vorname:	...
Geburtsdatum:	...
Geburtsort:	...
Familienstand:	...
Anschrift:	...
Schulbildung:	...
Berufserfahrung:	...

TRIMM-DICH-RUNDE 20

Es wurde beschlossen: Das Haus wird abgerissen.

Hieraus ergibt sich: Das Licht hat seinen Ursprung im atomaren Bereich.

TRIMM-DICH-RUNDE 21

Andrea fragt, ob er/sie sie nach Hause fahre.
Alexander fragte ihn/sie, wann er/sie den Führerschein mache.
Martin fragte, ob er/sie keinen Hunger habe.
Herbert fragt, wie lange das Museum geöffnet sei.

TRIMM-DICH-RUNDE 22

R46 Ein **Fragewort am Satzanfang** kann durch **Komma** abgetrennt werden, wenn es nicht besonders hervorgehoben wird. Das **Fragezeichen** steht am **Satzende**.

TRIMM-DICH-RUNDE 23

Folgt mir!
Glatteis!
Setzen Sie die Wörter ein.
Pass jetzt auf!
Otto rief, dass er kein Benzin mehr habe.
Sei still!
Suche weitere Begriffe.
Gib her!
Iss!

TRIMM-DICH-RUNDE 24

Krähen des Hahns: *Kikeriki!*
Katze: *Miau!*
Frosch, Ente: *Quak!*
usw.

TRIMM-DICH-RUNDE 25

nach **Ausrufen**, **Aufforderungen**, **Wünschen**, **Bitten**, **Warnungen** und **Befehlen**

nach **Empfindungswörtern**

eingeklammert nach Aussagen, die **Zweifel** oder **Verwunderung** entstehen lassen

nach der **Briefanrede**

TRIMM-DICH-RUNDE 26

Sie fragte	*:*	*»Hast du Zeit*	*?«*
BEGLEITSATZ	**:**	**»REDESATZ (FRAGE)**	**?«**

»Heute nicht	*«,*	*erwiderte er*	*.*
»REDESATZ (AUSSAGE)	**«,**	**BEGLEITSATZ**	**.**

»Um 12:00 Uhr	*«,*	*versprach Markus,*	*»lerne ich*	*.«*
»REDESATZ	**«,**	**BEGLEITSATZ,**	**»REDESATZ**	**.«**

TRIMM-DICH-RUNDE 27

Scherben bringen Glück

Wir besaßen einmal einen alten wertvollen Krug aus der Zeit des Dreißigjährigen Krieges. Schön war er nicht, aber alt und deshalb wertvoll. Er war außergewöhnlich dickwandig und schwer und wurde mit großer Sorgfalt behandelt. Eines Tages ging ich an dem wertvollen Stück vorbei, streifte den Krug mit dem Ellbogen, er fiel und zerbrach. Fassungslos vor Schreck lief ich zu meinem Vater: »Der Krug, der Krug …!« – »Was ist mit dem Krug?«, fuhr mein Vater ärgerlich auf. »Er ist, er ist … zerbrochen!« – Ein zorniger Ausruf, und dann standen wir gemeinsam vor den Scherben. Plötzlich, als ich die Bruchstücke näher ansah, stockte mir der Atem. »Vati, da glänzt etwas!« – »Tatsächlich, das sieht wie der Rand einer Goldmünze aus«, murmelte mein Vater, »und da auch und da noch mal. Hole mal schnell einen Hammer!« Mein Vater zerschlug die Scherben des Kruges und untersuchte die erste freigelegte Münze. »Da ist eine Jahreszahl eingeschlagen!« – »Von welchem Jahr ist die Münze?« – »1632.« – »Was hämmert ihr denn in der Wohnung?«, fragte da plötzlich meine Mutter von der Tür her. »Um Gottes willen, der Krug ist kaputt!«

TRIMM-DICH-RUNDE 28

Satzglieder: Subjekt – Prädikat – Objekte – Adverbialbestimmungen

TRIMM-DICH-RUNDE 29

Plötzlich – ein Herzinfarkt!
groß – klein
Das ist doch zum –!
dick – dünn
Er ist ein gemeiner –.
Du –!
Videos – Vor- und Nachteile

TRIMM-DICH-RUNDE 30

Das Subjekt (der Satzgegenstand) steht immer im Nominativ (1. Fall).

Den Heinrich-Böll-Preis (gestiftet von der Stadt Köln) erhielt Marcel Beyer.

Der Nobelpreis für Chemie (eine seit 1901 jährlich verliehene Auszeichnung) ging 2003 u. a. an den Schweizer Kurt Wüthrich.

TRIMM-DICH-RUNDE 31

R64 **Eckige Klammern** werden gesetzt, wenn das entsprechende Wort oder der entsprechende Satz bereits in **runde Klammern** gesetzt ist.

R65 **Eckige Klammern** werden gesetzt, wenn der Schreibende selbst **Anmerkungen** zum fortlaufenden Text macht.

R66 **Eckige Klammern** werden gesetzt, wenn **Buchstaben o. Ä. ausgelassen** werden können.

Register

Quellennachweis

Abdruckgenehmigung wurde freundlicherweise für folgende Textstellen von den betreffenden Verlagen erteilt:

1 (Zitat Seite 12): Kallifatidis, Theodor: Ein Traum und das Erwachen; aus: Neis, Edgar: *Moderne deutsche Diktatstoffe*, C. Bange Verlag, Hollfeld 1990

2 (Zitat Seite 31): Hitschold, Hans-Joachim: *Staatsbürgerkunde – Kurzlehrbuch zum Verfassungsrecht*, Richard Boorberg Verlag, Stuttgart, 8. Auflage 1991

3 (Zitat Seite 87): Eggerer, Wilhelm/Eggerer, Elmar: *MANZ Aufsatzbibliothek Band 1*, Manz, München, 4. Auflage 1986

In der Reihe *deutsch üben* bisher erschienen:

Band 1
„mir" oder „mich"?
Übungen zur Formenlehre
Übungen zu den Verben, Substantiven, zum Artikelgebrauch, zu Pronomen, Adjektiven, Präpositionen und zur Syntax.
ISBN 978–3–19–007449–5

Band 3/4
Weg mit den typischen Fehlern!
Lern- und Übungsbücher mit Hinweisen zur Vermeidung häufig vorkommender Fehler in Grammatik und Wortschatz.
Teil 1: ISBN 978–3–19–007451–8
Teil 2: ISBN 978–3–19–007452–5

Band 5/6
Sag's besser!
Arbeitsbücher für Fortgeschrittene
Teil 1: Grammatik
ISBN 978–3–19–007453–2
Teil 2: Ausdruckserweiterung
ISBN 978–3–19–007454–9

Band 7
Schwierige Wörter
Übungen zu Verben, Nomen und Adjektiven
ISBN 978–3–19–007455–6

Band 8
„der", „die" oder „das"?
Übungen zum Gebrauch des Artikels
ISBN 978–3–19–007456–3

Band 9
Wortschatz und mehr
Ein Übungsbuch zur spielerischen Beschäftigung mit Vokabular zu über 50 Themen.
ISBN 978–3–19–007457–0

Band 10
Übungen zur neuen Rechtschreibung – Neubearbeitung
Wichtige Neuerungen mit Übungen und Tests zur Lernkontrolle.
ISBN 978–3–19–107458–6

Band 11
Wörter und Sätze Übungen für Fortgeschrittene
Zum Reaktivieren, Festigen und Vertiefen der Grammatik- und Wortschatzkenntnisse.
ISBN 978–3–19–007459–4

Band 12
Diktate hören – schreiben – korrigieren
Übungsdiktate für die Grund-, Mittel- und Oberstufe (mit 2 Audio-CDs).
ISBN 978–3–19–007460–0

Band 13
Starke Verben
Unregelmäßige Verben des Deutschen zum Üben und Nachschlagen
ISBN 978–3–19–007488–4

Band 14
Schwache Verben
Regelmäßige Verben des Deutschen zum Üben und Nachschlagen
ISBN 978–3–19–007489–1

Band 15
Präpositionen
ISBN 978–3–19–007490–7

Band 16
Verbformen Bildung & Gebrauch
ISBN 978–3–19–007491–4